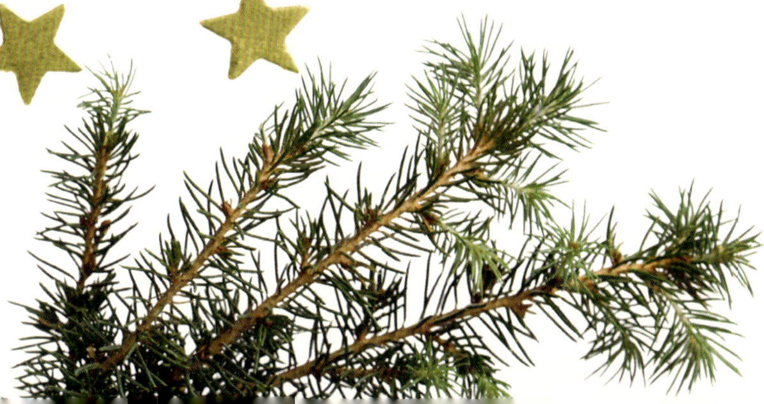

Zauberhaft gestaltetet Geschenkanhänger zum Ausdrucken findest du nach erfolgter Registrierung online in deiner Digitalen Bibliothek:
www.topp-kreativ.de/digibib
Den Freischaltcode findest du im Impressum.

BAUM SCHMUCK HÄKELN

Christmas Cuteness
BAUMSCHMUCK HÄKELN
Adventskalender

Doerthe Eisterlehner
alias Frau Apfelkern

VORWORT

Ich liebe Weihnachten. Und auch meine Familie war immer sehr weihnachtsverrückt. Was ich sehr zu schätzen gewusst habe: wir hatten Traditionen, die aber nicht in Stein gemeißelt waren. Sie wurden ergänzt oder verändert; deshalb war das Weihnachtsfest meiner Kindheit und Jugend immer lebendig und nie gleich. Als Weihnachtsessen gab es z. B. vegetarisches Sushi und unter anderem eine Platte mit Käse aus Frankreich (nichts für mich), die mein in Frankreich lebender Bruder immer mitgebracht hat, wenn er zum Weihnachtsfest nachhause kam. Den traditionellen Kartoffelsalat mit Würstchen gibt es bei uns erst, seit wir selbst Weihnachten mit unseren Kindern feiern.

Auch bei uns wird immer wieder geschaut, ob die Tradition noch passt oder eine neue entstehen sollte. Auf diese Weise kann das Weihnachtsfest mit der Familie wachsen, sich verändern und neue Traditionen können etabliert werden. So werden wir in diesem Jahr auf Wunsch der Kinder alle zusammen den Weihnachtsbaum schmücken. Als Schmuck werden die gehäkelten Figuren aus diesem Buch im Baum hängen, worauf ich mich schon sehr freue. Denn eine unserer Weihnachtstraditionen besteht darin, dass der Baum nie gleich aussieht und dass es in jedem Jahr neuen Baumschmuck gibt – gebastelt von den Kindern und gehäkelt von mir.

Wenn ich den Baum dann nach Weihnachten abschmücke, kommt der Baumschmuck in eine Dose, auf die ich die entsprechende Jahreszahl schreibe. Noch so eine unserer Traditionen, die ich sehr liebe. Denn in jeder dieser Dosen mit Baumschmuck steckt die Erinnerung an ein besonderes Fest.

Ich wünsche eine verzauberte, zimtduftige und glitzernde Weihnachtszeit – und ganz viel Spaß beim Häkeln!

Eure

Doerthe Eisterlehner

Frau Apfelkern

MATERIAL UND WERKZEUG

Für einen Adventskalender die Materialien vorab zu verraten, ist gar nicht so einfach, ohne zu viel von den eigentlichen Modellen preiszugeben. Auf dieser Seite sind daher alle Farben versammelt, mit denen die kleinen Figuren gehäkelt werden. Pro Modell benötigt man immer nur eine kleine Menge der jeweiligen Farbe von **Schachenmayr Catania (LL 125 m/50 g)**.

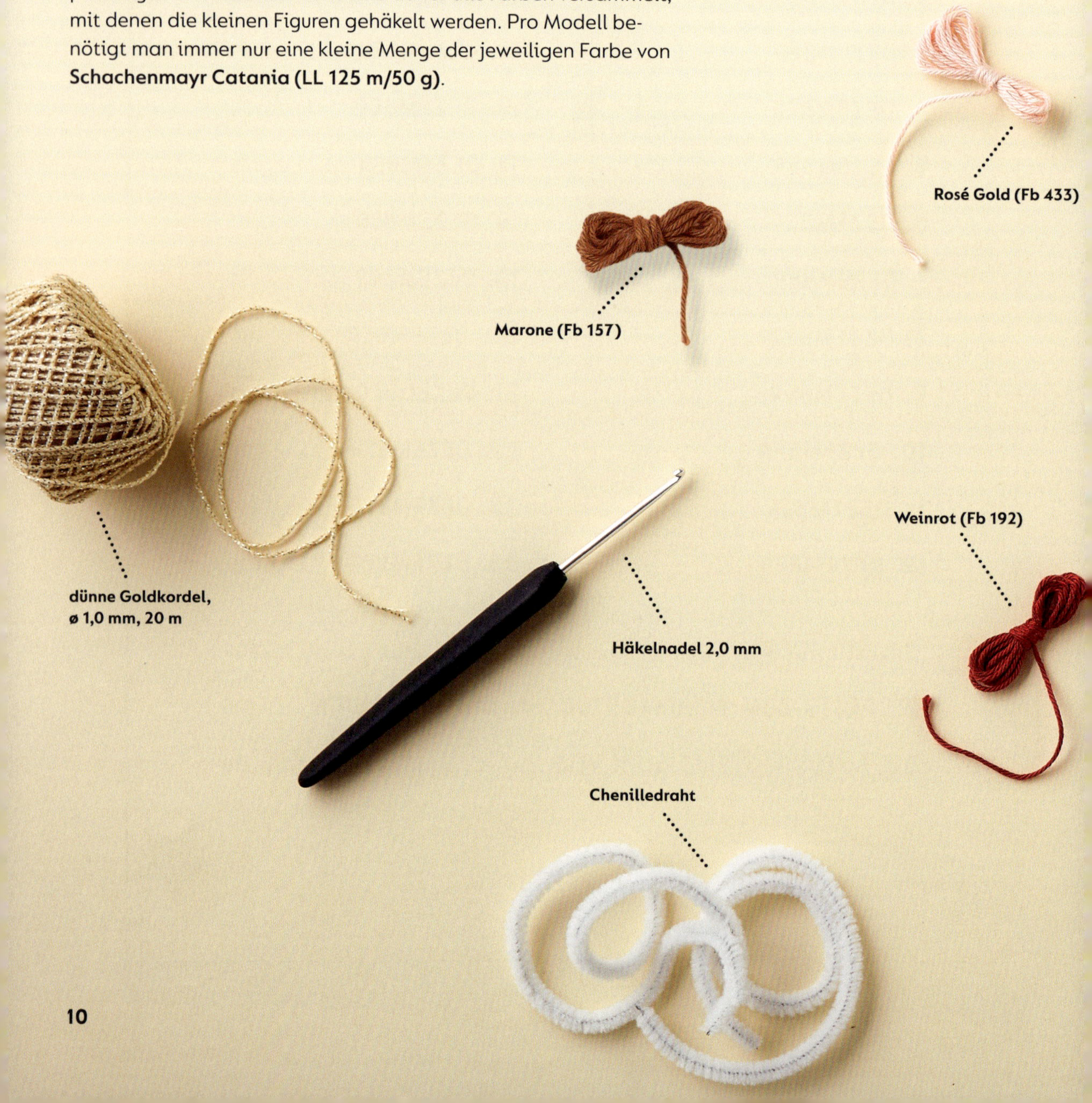

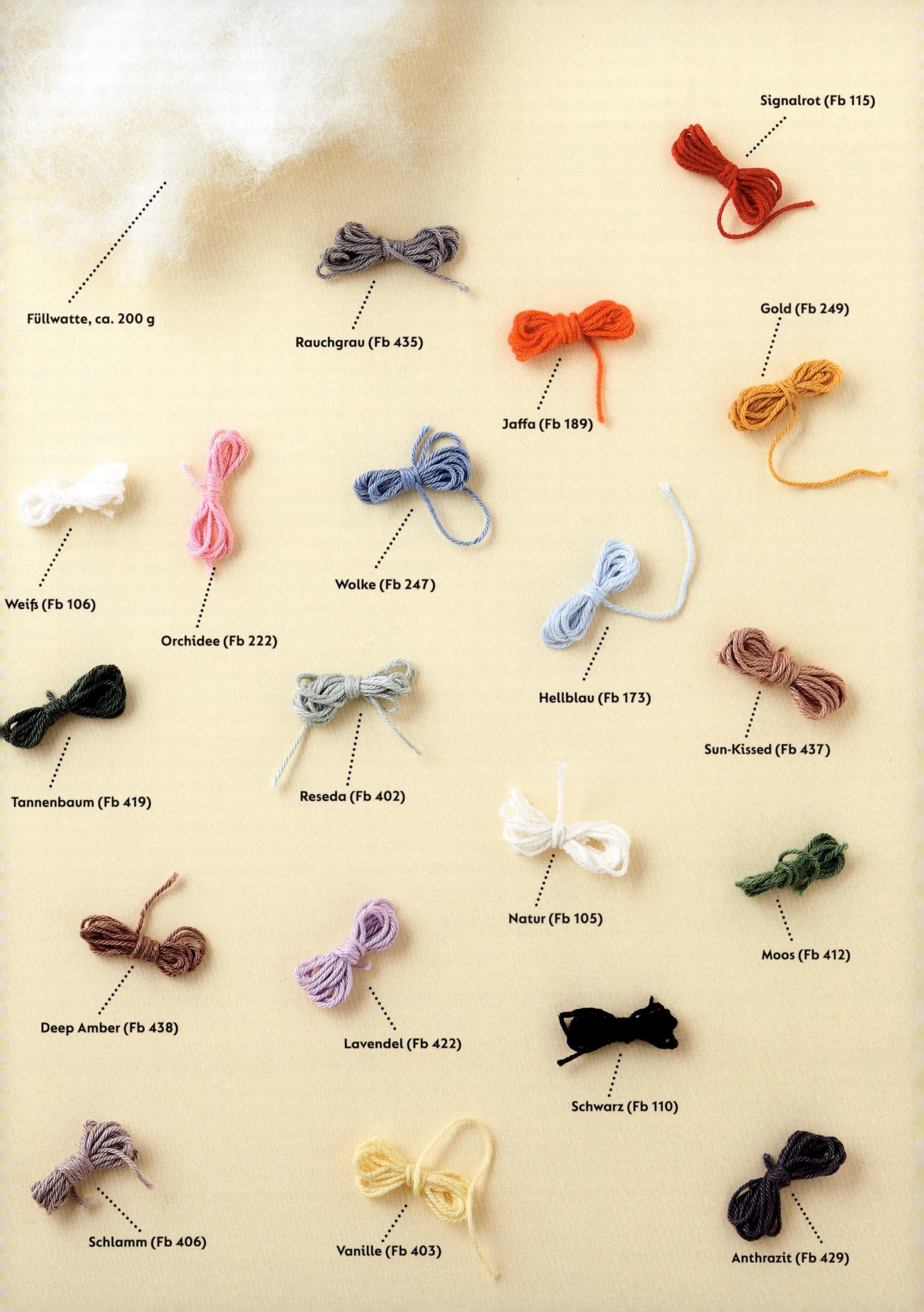
Signalrot (Fb 115)
Füllwatte, ca. 200 g
Rauchgrau (Fb 435)
Jaffa (Fb 189)
Gold (Fb 249)
Weiß (Fb 106)
Orchidee (Fb 222)
Wolke (Fb 247)
Hellblau (Fb 173)
Sun-Kissed (Fb 437)
Tannenbaum (Fb 419)
Reseda (Fb 402)
Natur (Fb 105)
Moos (Fb 412)
Deep Amber (Fb 438)
Lavendel (Fb 422)
Schwarz (Fb 110)
Schlamm (Fb 406)
Vanille (Fb 403)
Anthrazit (Fb 429)

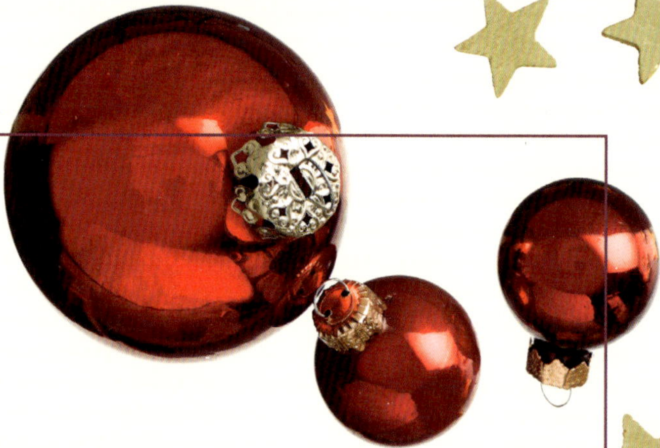

OH TANNENBAUM

ERNST ANSCHÜTZ

Oh Tannenbaum, oh Tannenbaum,
wie treu sind deine Blätter;
du grünst nicht nur zur Sommerzeit,
nein, auch im Winter, wenn es schneit.
Oh Tannenbaum, oh Tannenbaum,
wie treu sind deine Blätter.

Oh Tannenbaum, oh Tannenbaum,
du kannst mir sehr gefallen;
wie oft hat nicht zur Weihnachtszeit
ein Baum von dir mich hoch erfreut.
Oh Tannenbaum, oh Tannenbaum,
du kannst mir sehr gefallen.

Oh Tannenbaum, oh Tannenbaum,
dein Kleid will mich was lehren:
die Hoffnung und Beständigkeit
gibt Trost und Kraft zu jeder Zeit!
Oh Tannenbaum, ohTannenbaum,
dein Kleid will mich was lehren.

1

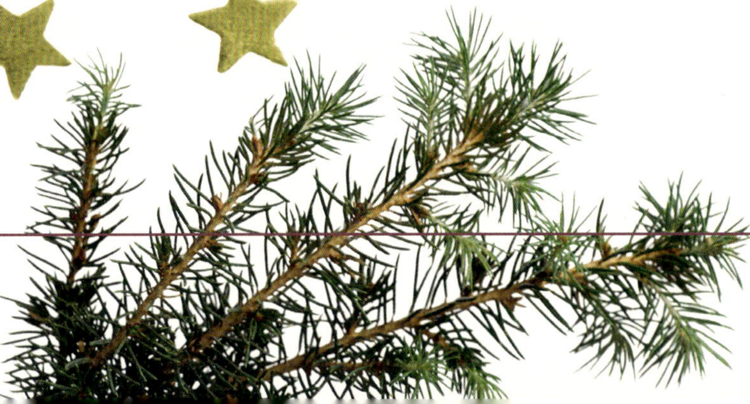

KLEINE ADVENTSKERZEN

SCHWIERIGKEIT 1

GRÖSSE
9 cm, 8,5 cm, 7 cm, 6,5 cm

MATERIAL
- Schachenmayr Catania (LL 125 m/50 g) in Weiß (Fb 106) und Gold (Fb 249), je 50 g, in Vanille (Fb 403), Rest
- Häkelnadel 2,0 mm
- Füllwatte
- Wollnadel
- dünne Goldkordel, ø 1,0 mm, 1 m

ANLEITUNG

Alle Kerzen werden in Spiral-Rd gehäkelt. Am Rd-Anfang am besten zwischen die 1. und letzte M einen Kontrastfaden oder M-Markierer einlegen.

GROSSE KERZE

In Weiß einen Magic-Ring anfertigen.

1. Rd: 6 fM in den Ring häkeln (= 6 M).
Weiter in Spiral-Rd häkeln.
2. Rd: Jede fM verdoppeln (= 12 M).
3. Rd: Jede 2. fM verdoppeln (= 18 M).
4. Rd: 18 fM in die hinteren M-Glieder häkeln.
5.-28. Rd: Jeweils 18 fM häkeln. Fortlaufend mit Füllwatte ausstopfen.
29. Rd: Jede 2. und 3. fM zusammen abmaschen, dabei nur in die hinteren M-Glieder häkeln (= 12 M).
30. Rd: Immer 2 fM zusammen abmaschen (= 6 M).
31. Rd (Gold): Jede fM verdoppeln (= 12 M).
32.+ 33. Rd: Jeweils 12 fM häkeln.
34. Rd: Jede 3. und 4. fM zusammen abmaschen (= 9 M).
35. Rd (Vanille): 9 fM häkeln.
36. Rd: Jede 2. und 3. fM zusammen abmaschen (= 6 M).
Weiter mit Füllwatte ausstopfen.
37. Rd: Immer 2 fM zusammen abmaschen (= 3 M).
Mit 1 Km schließen. Das Garn abschneiden, mit der Wollnd durch alle 3 vorderen M-Glieder fädeln, zusammenziehen und vernähen.

Advent, Advent, die erste Kerze brennt. Diese kleinen Kerzen symbolisieren die vier Adventssonntage. In ihnen steckt so viel: Warten, Vorfreude, Licht in der Dunkelheit, Heimeligkeit und Zeit mit den Lieben.

ZWEITGRÖSSTE KERZE

1.-24. Rd: Wie die 1.-24. Rd der großen Kerze häkeln.
25.-33. Rd: Wie die 29.-37. Rd der großen Kerze häkeln.

DRITTGRÖSSTE KERZE

1.-20. Rd: Wie die 1.-20. Rd der großen Kerze häkeln.
21.-29. Rd: Wie die 29.-37. Rd der großen Kerze häkeln.

KLEINE KERZE

1.-16. Rd: Wie die 1.-16. Rd der großen Kerze häkeln.
17.-25. Rd: Wie die 29.-37. Rd der großen Kerze häkeln.

FERTIGSTELLEN

In jede Kerzenspitze ein 25 cm langes Stück Goldkordel einziehen und verknoten. Alle Fäden vernähen.

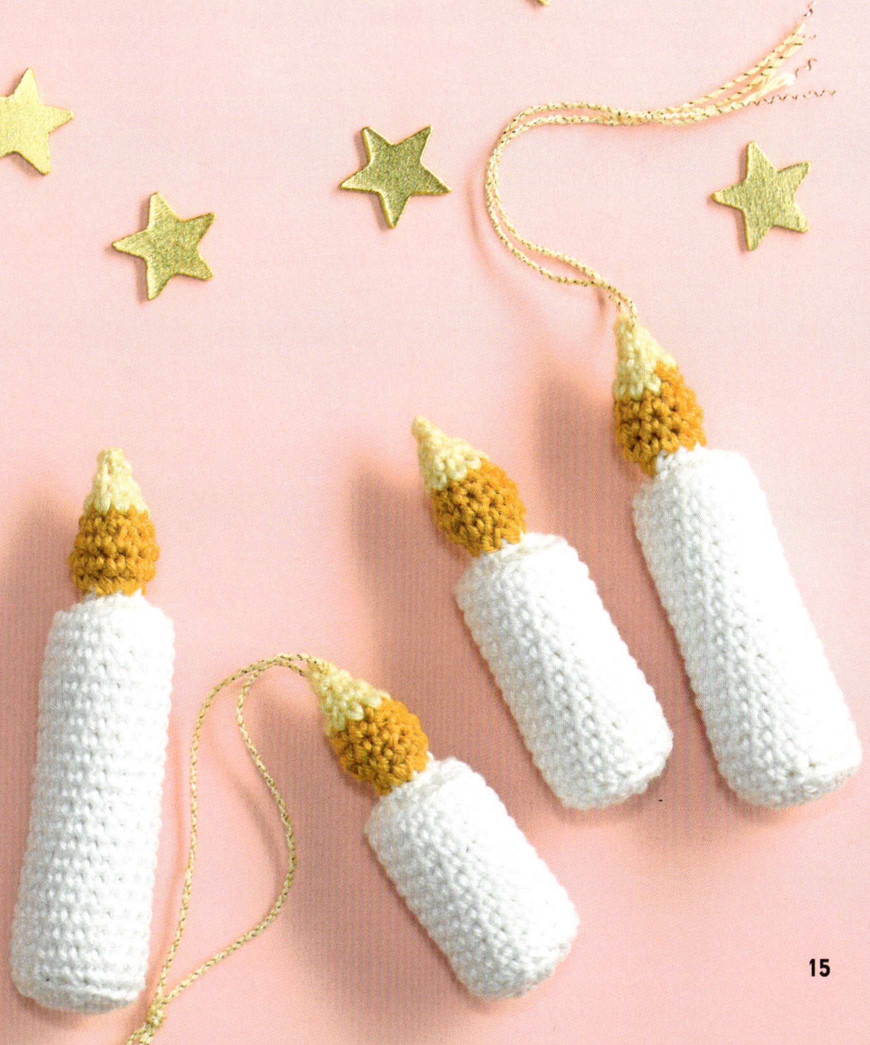

DIE HOHEN TANNEN ATMEN

RAINER MARIA RILKE

Die hohen Tannen atmen heiser
im Winterschnee, und bauschiger
schmiegt sich sein Glanz um alle Reiser.

Die weißen Wege werden leiser,
die trauten Stuben lauschiger.
Da singt die Uhr, die Kinder zittern:

Im grünen Ofen kracht ein Scheit
und stürzt in lichten Lohgewittern, –
und draußen wächst im Flockenflittern
der weiße Tag zur Ewigkeit.

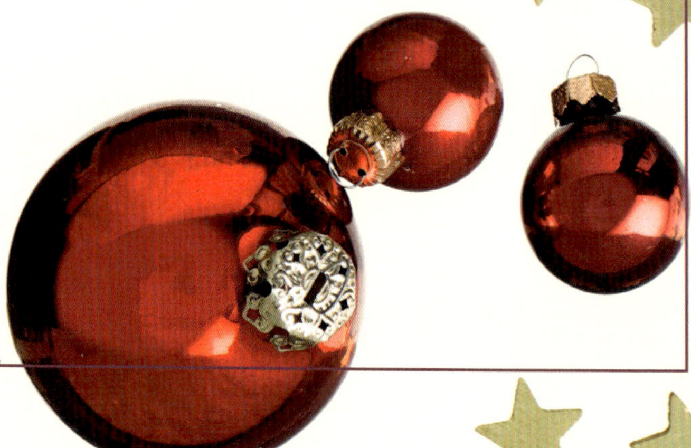

2

LECKERER WEIHNACHTSAPFEL

SCHWIERIGKEIT 1

GRÖSSE
6 cm

MATERIAL
- Schachenmayr Catania (LL 125 m/50 g) in Signalrot (Fb 115), 50 g, in Deep Amber (Fb 438) und Moos (Fb 412), Reste
- Häkelnadel 2,0 mm
- Füllwatte
- Wollnadel
- dünne Goldkordel, ø 1,0 mm, 25 cm

ANLEITUNG

Der Apfel wird in Spiral-Rd gehäkelt. Am Rd-Anfang am besten zwischen die 1. und letzte M einen Kontrastfaden oder M-Markierer einlegen.

APFEL

In Deep Amber einen Magic-Ring anfertigen.
1. Rd: 8 fM in den Ring häkeln (= 8 M).
Weiter in Spiral-Rd häkeln.
2. Rd: 8 fM in die hinteren M-Glieder häkeln.
3. Rd: Jede 3. und 4. fM zusammen abmaschen (= 6 M).
4.-6. Rd: Jeweils 6 fM häkeln.
7. Rd (Signalrot): Jede fM verdoppeln (= 12 M).
8. Rd: Jede 2. fM verdoppeln (= 18 M).
9. Rd: * 1 fM, 1 fM verdoppeln, 1 fM, ab * noch 5x wdh (= 24 M).
10. Rd: Jede 4. fM verdoppeln (= 30 M).
11. Rd: * 2 fM, 1 fM verdoppeln, 2 fM, ab * noch 5x wdh (= 36 M).
12. Rd: 36 fM häkeln.
13. Rd: Jede 6. fM verdoppeln (= 42 M).

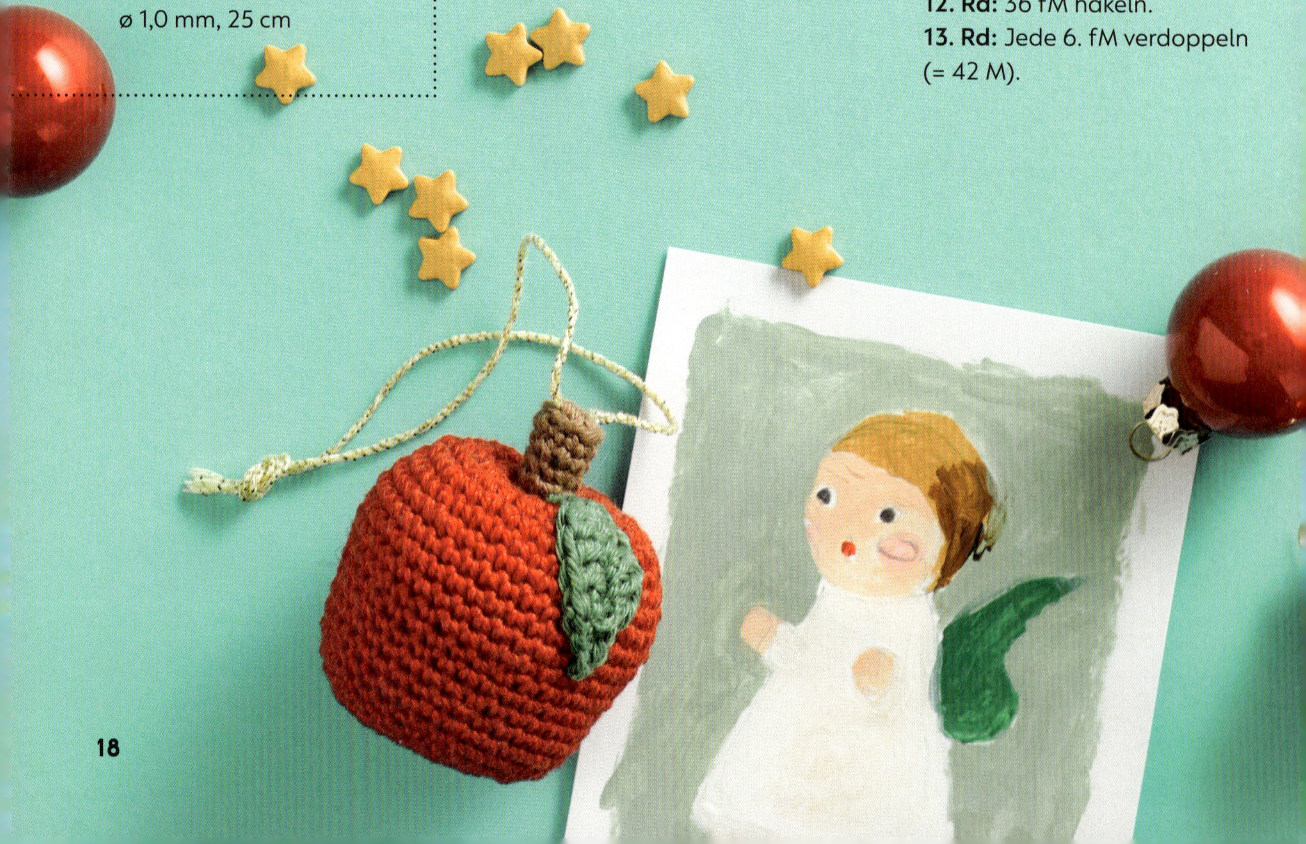

14.-17. Rd: Jeweils 42 fM häkeln.
18. Rd: Jede 6. und 7. fM zusammen abmaschen (= 36 M).
19.-23. Rd: Jeweils 36 fM häkeln. Fortlaufend mit Füllwatte ausstopfen.
24. Rd: Jede 5. und 6. fM zusammen abmaschen (= 30 M).
25. Rd: 30 fM häkeln.
26. Rd: Jede 4. und 5. fM zusammen abmaschen (= 24 M).
27. Rd: Jede 3. und 4. fM zusammen abmaschen (= 18 M).
28. Rd: Jede 2. und 3. fM zusammen abmaschen (= 12 M). Weiter mit Füllwatte ausstopfen.
29. Rd (Deep Amber): Immer 2 fM zusammen abmaschen (= 6 M). Mit 1 Km schließen. Das Garn 25 cm lang abschneiden, mit der Wollnd durch alle 6 vorderen M-Glieder fädeln, zusammenziehen und vernähen.

BLATT

In Moos 9 Lm anschl. Ab der 2. Lm von der Nd aus 2 Km, 1 fM, 1 hStb, 2 Stb, 1 hStb, 1 fM. 2 Lm, ab der 2. Lm von der Nd aus 1 Km. Weiter die Rückseite der Lm-Kette behäkeln: 1 fM, 1 hStb, 2 Stb, 1 hStb, 1 fM, 2 Km. Das Garn 25 cm lang abschneiden und durchziehen.

FERTIGSTELLEN

Nun den Apfel in Form bringen. Dafür Garn in Signalrot in die Wollnd fädeln, * bei der 28. Rd senkrecht durch den Apfel nach unten stechen und bei der 7. Rd wieder herrauskommen. Ab * noch 3x wdh, das Garn sanft zusammenziehen und den Apfel dadurch stauchen. Das Blatt am unteren Rand des Stiels mit der Spitze nach vorne zeigend am Apfel festnähen. Ein 25 cm langes Stück Goldkordel in den Stiel einziehen und verknoten. Alle Fäden vernähen.

Ein Kipfel, ein Kapfel, ein knallroter Apfel. So schön lecker und kräftig leuchtend läuft einem fast das Wasser im Mund zusammen. Bevor die Christbaumkugel erfunden wurde, schmückte man den Weihnachtsbaum mit Nüssen und Äpfeln.

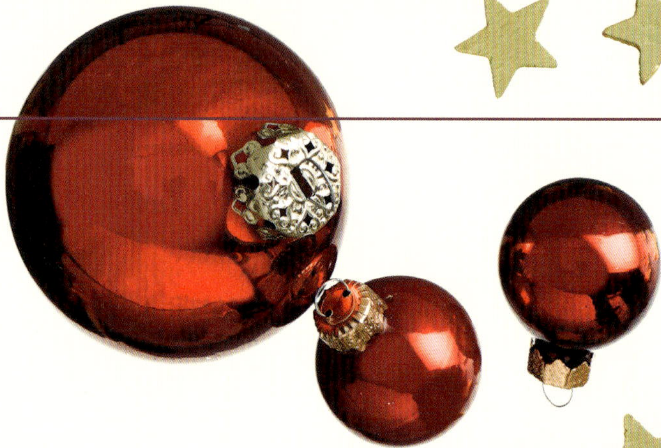

ADVENT

RAINER MARIA RILKE

*Es treibt der Wind im Winterwalde
die Flockenherde wie ein Hirt,
und manche Tanne ahnt, wie balde
sie fromm und lichterheilig wird.*

*Sie lauscht hinaus. Den weißen Wegen
streckt sie die Zweige hin bereit
und wehrt dem Wind und wächst entgegen
Der einen Nacht der Herrlichkeit.*

3

BUNTER EISVOGEL

SCHWIERIGKEIT 2

GRÖSSE
7,5 cm

MATERIAL

- Schachenmayr Catania (LL 125 m/50 g) in Jaffa (Fb 189) und Wolke (Fb 247), je 50 g, in Schwarz (Fb 110), Natur (Fb 105), Weinrot (Fb 192) und Anthrazit (Fb 429), Reste
- Häkelnadel 2,0 mm
- Füllwatte
- Wollnadel
- dünne Goldkordel, ø 1,0 mm, 25 cm

ANLEITUNG

Alle Teile mit Ausnahme des Flügels werden in Spiral-Rd gehäkelt. Am Rd-Anfang am besten zwischen die 1. und letzte M einen Kontrastfaden oder M-Markierer einlegen.

KOPF UND KÖRPER

In Wolke einen Magic-Ring anfertigen.

1. Rd: 6 fM in den Ring häkeln (= 6 M).

Weiter in Spiral-Rd häkeln.

2. Rd: Jede fM verdoppeln (= 12 M).

3. Rd: Jede 2. fM verdoppeln (= 18 M).

4.+5. Rd: Jeweils 18 fM häkeln.

6.+7. Rd (Jaffa): Jeweils 18 fM häkeln.

8. Rd (Wolke): 18 fM häkeln.

9. Rd (Natur): 18 fM häkeln.

10. Rd (Jaffa): Für den Rücken 6 Lm anschl. Ab der 2. Lm von der Nd aus 5 Lm arb, über die M der Vor-Rd 8 fM, 2 fM verdoppeln, 8 fM häkeln. Weiter auf der Rückseite der Lm-Kette 5 fM häkeln (= 30 M).

11. Rd: 30 fM häkeln.

12. Rd: 6 Lm anschl. Ab der 2. Lm von der Nd aus 5 fM arb, 30 fM über die M der Vor-Rd arb, weiter auf der Rückseite der Lm-Kette 5 fM häkeln (= 40 M).

13.+14. Rd: Jeweils 40 fM häkeln.

15. Rd: 2 fM zusammen abmaschen, 36 fM, 2 fM zusammen abmaschen (= 38 M).

16. Rd: 38 fM häkeln.

17. Rd: 2 fM zusammen abmaschen, 34 M, 2 fM zusammen abmaschen (= 36 M).

18. Rd: 36 fM häkeln.

Kopf und Körper mit Füllwatte ausstopfen.

Wunderbar orange und blau schimmert es zwischen den grünen Zweigen, wenn dieser kleine Geselle im Weihnachtsbaum sitzt. Wer im frühen Winter gut aufpasst, kann diesen gefiederten Gesellen bestimmt an dem einen oder anderen Ufer entdecken.

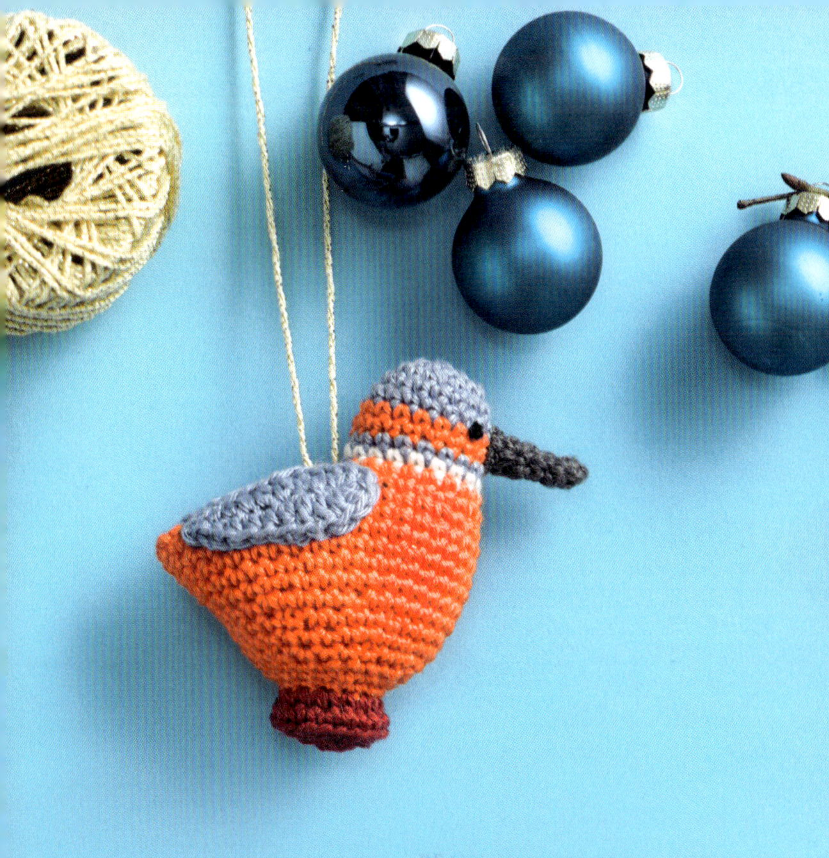

19. Rd: Jede 5. und 6. fM zusammen abmaschen (= 30 M).
20. Rd: 30 fM häkeln.
21. Rd: Jede 4. und 5. fM zusammen abmaschen (= 24 M).
22. Rd: 24 fM häkeln.
23. Rd: Jede 3. und 4. fM zusammen abmaschen (= 18 M).
24. Rd: Jede 2. und 3. fM zusammen abmaschen (= 12 M).
25. Rd (Weinrot): Jede 2. fM verdoppeln (= 18 M).
26. Rd: 18 fM häkeln.
27. Rd: Jede 2. und 3. fM zusammen abmaschen, dabei nur in die hinteren M-Glieder häkeln (= 12 M).
Weiter mit Füllwatte ausstopfen.
28. Rd: Immer 2 fM zusammen abmaschen (= 6 M)
Mit 1 Km schließen. Das Garn abschneiden, mit der Wollnd durch die 6 vorderen M-Glieder fädeln, zusammenziehen und vernähen.

FLÜGEL (2x)

In Wolke 10 Lm anschl. Ab der 2. Lm von der Nd aus die Lm-Kette von beiden Seiten behäkeln: 1 Km, 1 fM, 3 hStb, 3 Stb, 5 Stb in 1 M, 3 Stb, 3 hStb, 1 fM, 1 Km.
Das Garn 25 cm lang abschneiden und durchziehen.
Den 2. Flügel ebenso häkeln.

SCHNABEL

In Anthrazit einen Magic-Ring anfertigen.
1. Rd: 4 fM in den Ring häkeln (= 4 M).
Weiter in Spiral-Rd häkeln.
2.-5. Rd: Jeweils 4 fM häkeln.
6. Rd: Jede 2. fM verdoppeln (= 6 M).
Mit 1 Km schließen. Das Garn 25 cm lang abschneiden und durchziehen. Mit etwas Füllwatte ausstopfen.

FERTIGSTELLEN

Die Flügel beidseitig sehr nah am Rücken am Körper festnähen. Den Schnabel vorne am Kopf festnähen. Mit geteiltem Garn in Schwarz die Augen aufsticken. Ein 25 cm langes Stück Goldkordel hinter dem Kopf in den Rücken einziehen und verknoten. Alle Fäden vernähen.

DER WEIHNACHTSBAUM

AUGUST HEINRICH HOFFMANN VON FALLERSLEBEN

Von allen den Bäumen jung und alt,
von allen den Bäumen groß und klein,
von allen in unserm ganzen Wald,
was mag doch der allerschönste sein?

Der schönste von allen weit und breit
das ist doch allein, wer zweifelt dran?
Der Baum, der da grünet allezeit,
den heute mir bringt der Weihnachtsmann.

Wenn alles schon schläft in stiller Nacht,
dann holet er ihn bei Sternenschein
und schlüpfet, eh' einer sich's gedacht,
gar heimlich damit ins Haus hinein.

Dann schmückt er mit Lichtern jeden Zweig,
hängt Kuchen und Nüss' und Äpfel dran:
So macht er uns alle freudenreich,
der liebe, der gute Weihnachtsmann.

4

NIEDLICHER ENGEL

SCHWIERIGKEIT 2

GRÖSSE
8 cm

MATERIAL

- Schachenmayr Catania (LL 125 m/50 g) in Hellblau (Fb 173) und Rosé Gold (Fb 433), je 50 g, in Signalrot (Fb 115), Schwarz (Fb 110), Deep Amber (Fb 438), Orchidee (Fb 222) und Gold (Fb 249), Reste
- Häkelnadel 2,0 mm
- Füllwatte
- Wollnadel
- dünne Goldkordel, ø 1,0 mm, 25 cm

ANLEITUNG

Alle Teile werden in Spiral-Rd gehäkelt. Am Rd-Anfang am besten zwischen die 1. und letzte M einen Kontrastfaden oder M-Markierer einlegen.

KOPF, KÖRPER UND FÜSSE

In Rosé Gold einen Magic-Ring anfertigen.
1. Rd: 6 fM in den Ring häkeln (= 6 M).
Weiter in Spiral-Rd häkeln.
2. Rd: Jede fM verdoppeln (= 12 M).
3. Rd: Jede 2. fM verdoppeln (= 18 M).
4. Rd: 18 fM häkeln.
5. Rd: Jede 3. fM verdoppeln (= 24 M).
6.-10. Rd: Jeweils 24 fM häkeln.
11. Rd: Jede 3. und 4. fM zusammen abmaschen (= 18 M).
12. Rd: 18 fM häkeln.
13. Rd: Jede 2. und 3. fM zusammen abmaschen (= 12 M).
Den Kopf mit Füllwatte ausstopfen.
14. Rd (Hellblau): Jede 2. fM verdoppeln (= 18 M).
15.+16. Rd: Jeweils 18 fM häkeln.
17. Rd: Jede 3. fM verdoppeln (= 24 M).
18.-20 Rd: Jeweils 24 M.
21. Rd: Jede 4. fM verdoppeln (= 30 M).
22.-24. Rd: Jeweils 30 fM häkeln.
25. Rd: Jede 4. und 5. fM zusammen abmaschen, dabei nur in die hinteren M-Glieder häkeln (= 24 M).
26. Rd: Jede 3. und 4. fM zusammen abmaschen (= 18 M).
27. Rd (Rosé Gold): Jede 3. fM verdoppeln (= 24 M).
28. Rd: 24 fM häkeln.

Was wäre die Weihnachtszeit ohne diese himmlischen Boten? Sie sind es, die den Hirten auf dem Felde die Geburt Jesus Christus verkünden. Und auch in manch anderem Gedicht oder manch anderer Geschichte spielen sie eine tragende Rolle.

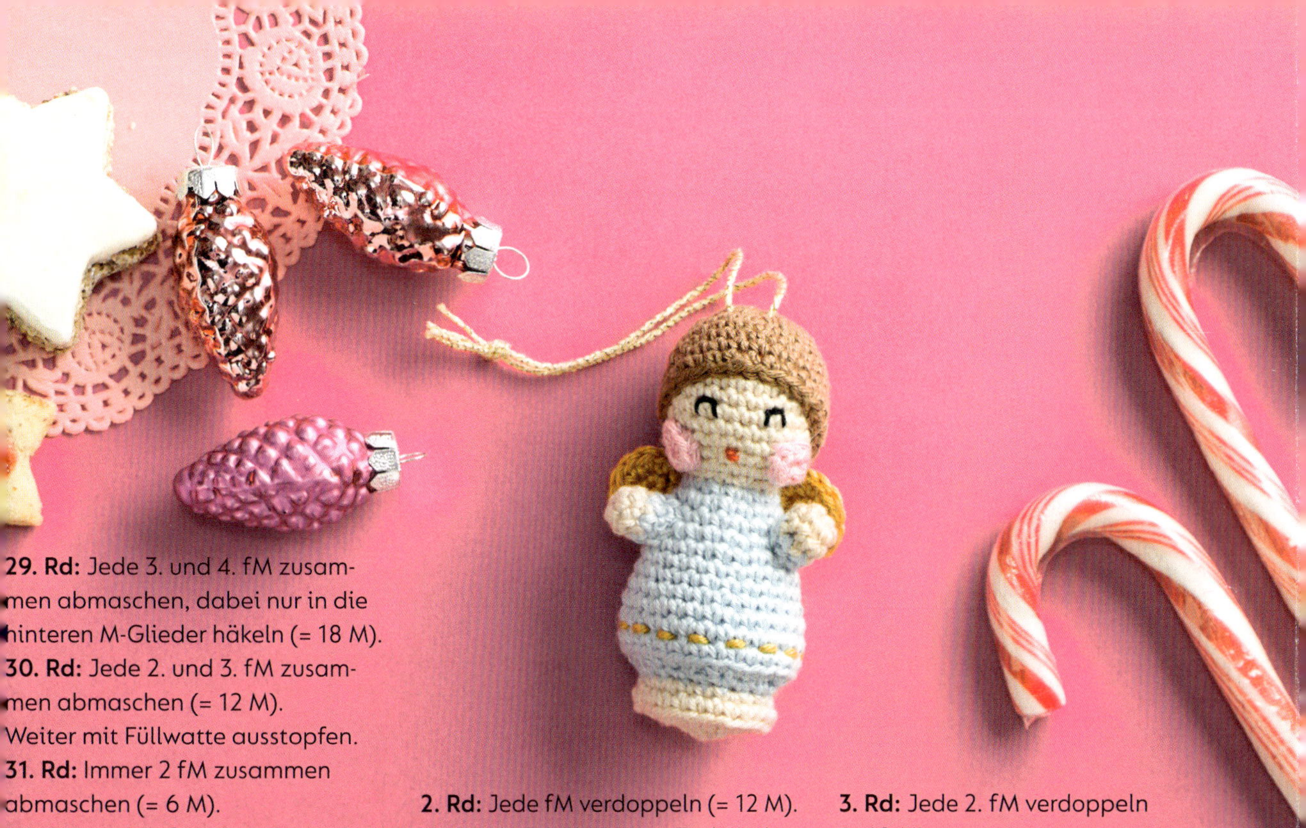

29. Rd: Jede 3. und 4. fM zusammen abmaschen, dabei nur in die hinteren M-Glieder häkeln (= 18 M).
30. Rd: Jede 2. und 3. fM zusammen abmaschen (= 12 M).
Weiter mit Füllwatte ausstopfen.
31. Rd: Immer 2 fM zusammen abmaschen (= 6 M).
Mit 1 Km schließen. Das Garn abschneiden. Mit der Wollnd durch alle 6 vorderen M-Glieder fädeln, zusammenziehen und vernähen.

ARM (2x)

In Rosé Gold einen Magic-Ring anfertigen.
1. Rd: 6 fM in den Ring häkeln (= 6 M).
Weiter in Spiral-Rd häkeln.
2. Rd: 6 fM häkeln.
3. Rd (Hellblau): 6 fM häkeln.
Mit 1 Km schließen. Das Garn 25 cm lang abschneiden und durchziehen. Den Arm mit etwas Füllwatte ausstopfen.
Den 2. Arm ebenso häkeln.

FLÜGEL (2x)

In Gold einen Magic-Ring anfertigen.
1. Rd: 6 fM in den Ring häkeln (= 6 M).
Weiter in Spiral-Rd häkeln.
2. Rd: Jede fM verdoppeln (= 12 M).
Weiter in R häkeln. Am Ende jeder R 1 Wende-Lm arb.
1. R: 3 fM häkeln, die restlichen M bleiben unbehäkelt (= 3 M).
2. R: 3 fM häkeln.
Mit 1 Km schließen. Das Garn 25 cm lang abschneiden und durchziehen.
Den 2. Flügel ebenso häkeln.

BÄCKCHEN (2x)

In Orchidee einen Magic-Ring anfertigen.
1. Rd: 5 fM in den Ring häkeln.
Mit 1 Km schließen. Das Garn 25 cm lang abschneiden und durchziehen.
Das 2. Bäckchen ebenso häkeln.

HAARE

In Deep Amber einen Magic-Ring anfertigen.
1. Rd: 6 fM in den Ring häkeln (= 6 M).
2. Rd: Jede fM verdoppeln (= 12 M).
3. Rd: Jede 2. fM verdoppeln (= 18 M).
4. Rd: 18 fM häkeln.
5. Rd: Jede 3. fM verdoppeln (= 24 M).
6. Rd: Jede 12. fM verdoppeln (= 26 M).
7.-10 Rd: Jeweils 26 fM häkeln.
Mit 1 Km schließen. Das Garn 25 cm lang abschneiden und durchziehen.

FERTIGSTELLEN

Die Haare schräg am Kopf festnähen. Arme beidseitig am Körper, die Flügel am Rücken festnähen. Mit geteiltem Garn in Schwarz und Signalrot Augen und Mund aufsticken. Die Bäckchen im Gesicht festnähen. Zwischen der 23. und 24. Rd des Körpers jeweils mit 1 M Abstand kleine waagerechte Striche aufsticken. Ein 25 cm langes Stück Goldkodel in das Haar einziehen und verknoten. Alle Fäden vernähen.

DAS WEIHNACHTSBÄUMLEIN

CHRISTIAN MORGENSTERN

Es war einmal ein Tännelein
mit braunen Kuchenherzlein
und Glitzergold und Äpflein fein
und vielen bunten Kerzlein:
Das war am Weihnachtsfest so grün
als fing es eben an zu blüh'n.

Doch nach nicht gar zu langer Zeit,
da stand's im Garten unten,
und seine ganze Herrlichkeit
war, ach, dahingeschwunden.
Die grünen Nadeln war'n verdorrt,
die Herzlein und die Kerzlein fort.

Bis eines Tags der Gärtner kam,
den fror zu Haus im Dunkeln,
und es in seinen Ofen nahm –
Hei! Tats da sprüh'n und funkeln!
Und flammte jubelnd himmelwärts
in hundert Flämmlein an Gottes Herz.

5

GLÜCKBRINGENDER FLIEGENPILZ

SCHWIERIGKEIT 1

GRÖSSE
8 cm

MATERIAL
- Schachenmayr Catania (LL 125 m/50 g) in Weiß (Fb 106) und Weinrot (Fb 192), je 50 g, in Rauchgrau (Fb 435) und Moos (Fb 412), Reste
- Häkelnadel 2,0 mm
- Füllwatte
- Wollnadel
- dünne Goldkordel, ø 1,0 mm, 25 cm

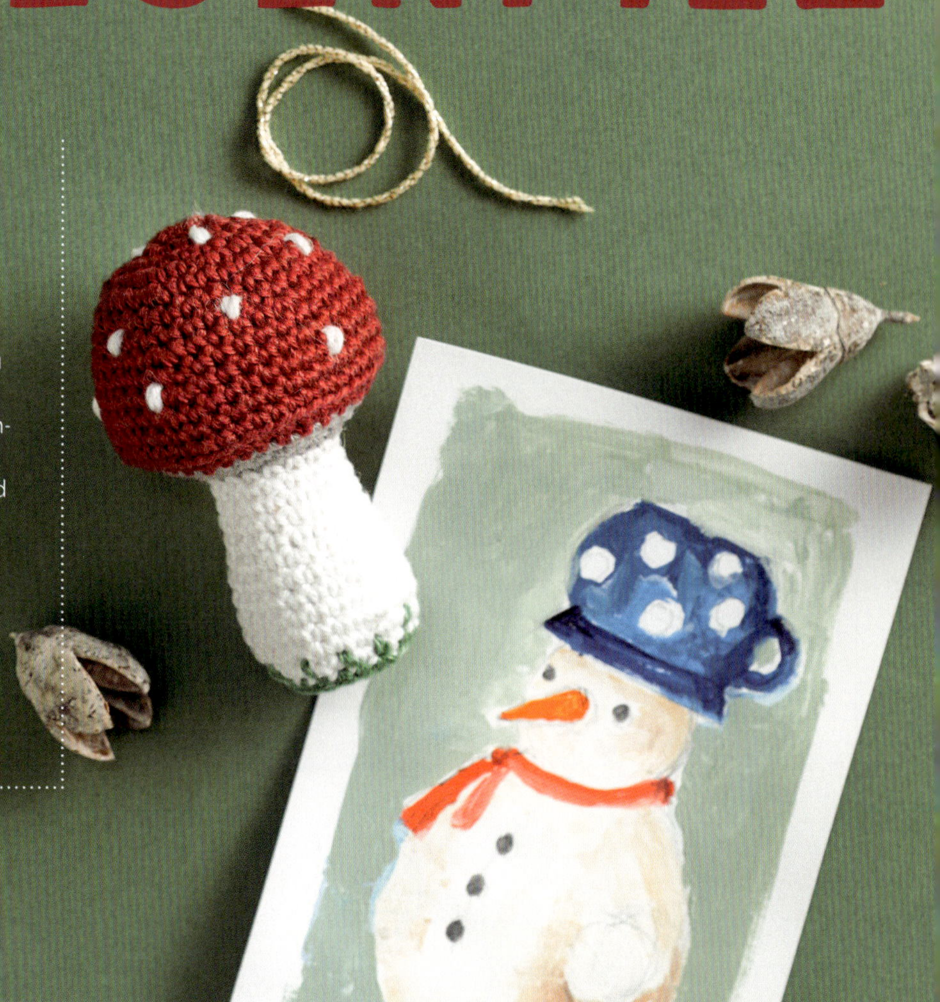

Dieser hübsche, aber leider giftige kleine Pilz gehört für viele mit zur Weihnachtsdeko. Er gilt als Glückssymbol und die Folklore erzählt, dass er bereits zu vorchristlicher Zeit zur Wintersonnenwende eine wichtige Rolle gespielt haben soll.

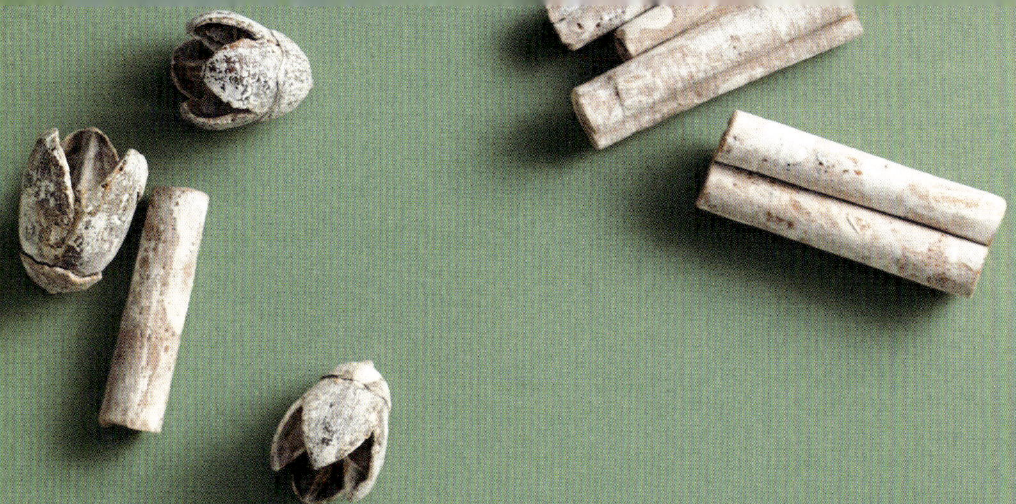

ANLEITUNG

Der Pilz wird in Spiral-Rd gehäkelt. Am Rd-Anfang am besten zwischen die 1. und letzte M einen Kontrastfaden oder M-Markierer einlegen.

PILZ

In Weinrot einen Magic-Ring anfertigen.

1. Rd: 6 fM in den Ring häkeln (= 6 M).

Weiter in Spiral-Rd häkeln.

2. Rd: Jede fM verdoppeln (= 12 M).

3. Rd: Jede 2. fM verdoppeln (= 18 M).

4. Rd: * 1 fM, 1 fM verdoppeln, 1 fM, ab * noch 5x wdh (= 24 M).

5. Rd: Jede 5. fM verdoppeln (= 30 M).

6. Rd: 30 fM häkeln.

7. Rd: Jede 5. fM verdoppeln (= 36 M).

8.+9. Rd: Jeweils 36 fM häkeln.

10. Rd: Jede 6. fM verdoppeln (= 42 M).

11.-13. Rd: Jeweils 42 fM häkeln.

14. Rd: Jede 6. und 7. fM zusammen abmaschen, dabei nur in die hinteren M-Glieder häkeln (= 36 M).

15. Rd (Rauchgrau): Jede 5. und 6. fM zusammen abmaschen (= 30 M).

16. Rd: Jede 4. und 5. fM zusammen abmaschen (= 24 M).

17. Rd: Jede 3. und 4. M zusammen abmaschen (= 18 M).

Den Pilz fortlaufend mit Füllwatte ausstopfen.

18.-22. Rd (Weiß): Jeweils 18 fM häkeln.

23. Rd: Jede 3. fM verdoppeln (= 24 M).

24.-28. Rd: Jeweils 24 fM häkeln.

29. Rd: Jede 3. und 4 M zusammen abmachen (= 18 M).

30. Rd (Moos): 18 fM häkeln.

31. Rd: Jede 2. und 3. fM zusammen abmaschen, dabei nur in die hinteren M-Glieder häkeln (= 12 M).

Weiter mit Füllwatte ausstopfen.

32. Rd: Immer 2 fM zusammen abmaschen (= 6 M).

Mit 1 Km schließen. Das Garn abschneiden, mit der Wollnd durch die 6 vorderen M-Glieder fädeln, zusammenziehen und vernähen.

FERTIGSTELLEN

In Weiß kleine Punkte auf die Oberseite des Pilzkopfes sticken. In Moos am Fuß des Pilzes lange Stiche jeweils mit 2 M Abstand rundum aufsticken. Ein 25 cm langes Stück Goldkordel in den Pilzkopf einziehen und verknoten. Alle Fäden vernähen.

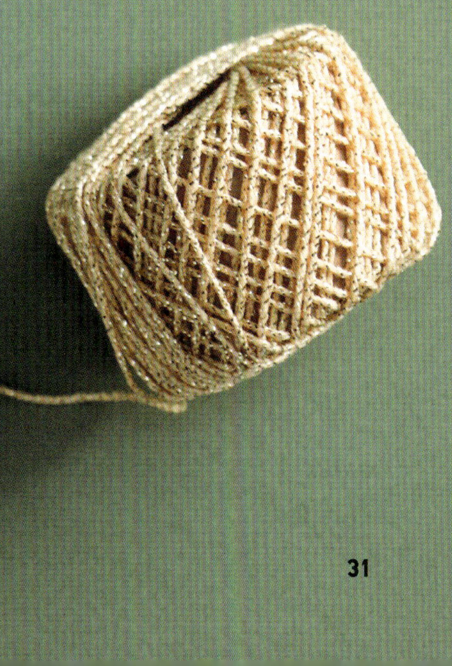

BÄUME LEUCHTEND

JOHANN WOLFGANG VON GOETHE

Bäume leuchtend, Bäume blendend,
überall das Süße spendend.
In dem Glanze sich bewegend,
alt und junges Herz erregend.

Solch ein Fest ist uns bescheret.
Mancher Gaben Schmuck verehret;
staunend schau'n wir auf und nieder,
hin und her und immer wieder.

Aber, Fürst, wenn dir's begegnet
und ein Abend so dich segnet,
dass als Lichter, dass als Flammen
Von dir glänzten all zusammen.

Alles, was du ausgerichtet,
alle, die sich dir verpflichtet:
Mit erhöhten Geistesblicken
fühltest herrliches Entzücken.

6

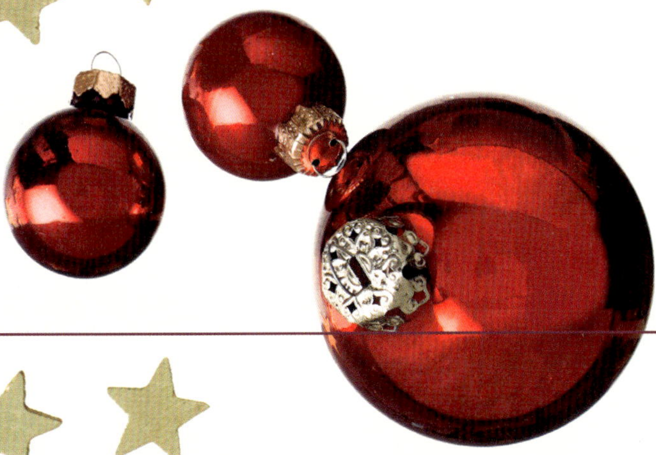

KLEINE WEIHNACHTSGANS

SCHWIERIGKEIT 3

GRÖSSE
10 cm

MATERIAL

- Schachenmayr Catania (LL 125 m/50 g) in Weiß (Fb 106), 50 g, in Gold (Fb 249), Schwarz (Fb 110) und Signalrot (Fb 115), Reste
- Häkelnadel 2,0 mm
- Füllwatte
- Wollnadel
- dünne Goldkordel, ø 1,0 mm, 25 cm

ANLEITUNG

Alle Teile werden in Spiral-Rd gehäkelt. Am Rd-Anfang am besten zwischen die 1. und letzte M einen Kontrastfaden oder M-Markierer einlegen.

KOPF UND KÖRPER

In Weiß einen Magic-Ring anfertigen.

1. Rd: 6 fM in den Ring häkeln (= 6 M).

Weiter in Spiral-Rd häkeln.

2. Rd: Jede 2. fM verdoppeln (= 9 M).

3. Rd: Jede 3. fM verdoppeln (= 12 M).

4. Rd: 12 fM häkeln.

5. Rd: Jede 4. fM verdoppeln (= 15 M).

6. Rd: Jede 5. fM verdoppeln (= 18 M).

7.+8. Rd: Jeweils 18 fM häkeln.

9. Rd: * 2 fM zusammen abmaschen, ab * noch 2x wdh. 12 fM (= 15 M).

10. Rd: * 2 fM zusammen abmaschen, ab * noch 2x wdh. 9 fM (= 12 M).

Den Kopf mit Füllwatte ausstopfen.

11.-16. Rd: Jeweils 12 fM häkeln.

17. Rd: Für den Rücken 9 Lm anschl. Ab der 2. Lm von der Nd aus 8 fM, 12 fM über die M der Vor-Rd arb. Weiter 8 fM auf der Rückseite der Lm-Kette häkeln (= 28 M).

18. Rd: 28 fM häkeln.

19. Rd: 1 fM verdoppeln, 26 fM, 1 fM verdoppeln (= 30 M).

20. Rd: 1 fM verdoppeln, 28 fM, 1 fM verdoppeln (= 32 M).

21. Rd: Wieder 5 Lm anschl. Ab der 2. Lm von der Nd aus 4 fM, 32 fM in die M der Vor- Rd arb. Weiter 4 fM auf der Rückseite der Lm-Kette häkeln (= 40 M).

Diese süße Weihnachtsgans schnattert sich ganz schnell in die Herzen aller Häkelnden und landet garantiert nicht auf dem Teller. Wer sie noch nicht kennt, sollte sich unbedingt die Geschichte rund um die Gans Auguste und Familie Löwenhaupt ansehen.

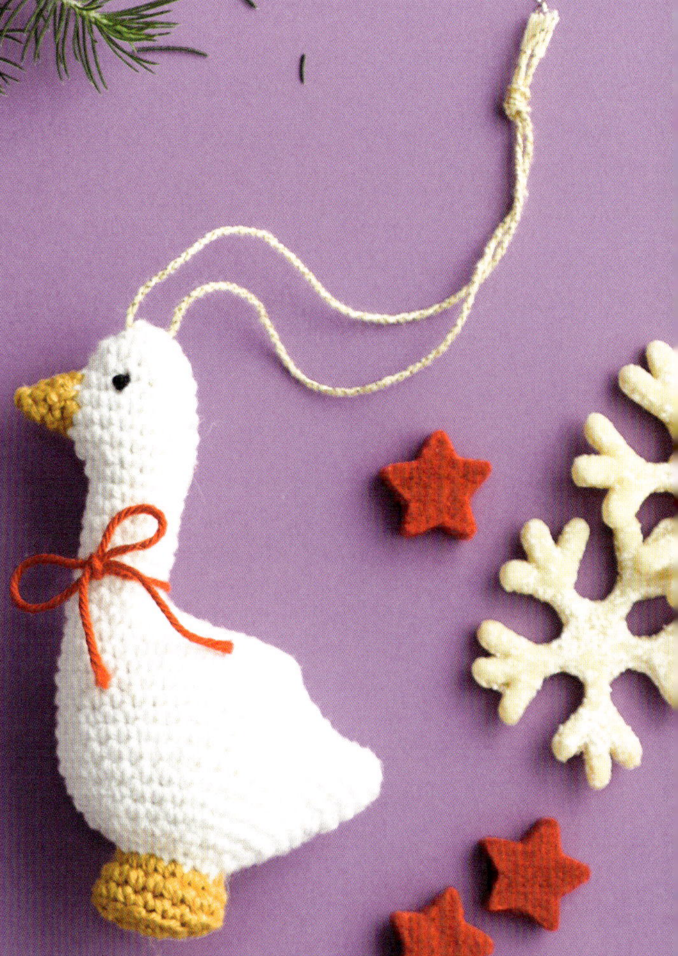

22.-24. Rd: Jeweils 40 fM häkeln.
25. Rd: 2 fM zusammen abmaschen, 36 fM, 2 fM zusammen abmaschen (= 38 M).
26. Rd: 38 fM häkeln.
27. Rd: 2 fM zusammen abmaschen, 34 fM, 2 fM zusammen abmaschen (= 36 M).
28. Rd: 36 fM häkeln.
29. Rd: Jede 5. und 6. fM zusammen abmaschen (= 30 M).
30. Rd: 30 fM häkeln.
31. Rd: Jede 4. und 5. fM zusammen abmaschen (= 24 M).
32. Rd: Jede 3. und 4. fM zusammen abmaschen (= 18 M).
33. Rd: Jede 2. und 3. fM zusammen abmaschen (= 12 M).
34. Rd (Gold): Jede 2. fM verdoppeln (= 18 M).
35.+36. Rd: Jeweils 18 fM häkeln.
37. Rd: Jede 2. und 3. fM zusammen abmaschen, dabei nur in die hinteren M-Glieder häkeln (= 12 M).
Weiter mit Füllwatte ausstopfen.
38. Rd: Immer 2 fM zusammen abmaschen (= 6 M).
Mit 1 Km schließen. Das Garn abschneiden, mit der Wollnd durch die 6 vorderen M-Glieder fädeln, zusammenziehen und vernähen.

SCHNABEL

In Gold einen Magic-Ring anfertigen.
1. Rd: 4 fM in den Ring häkeln (= 4 M).
2. Rd: Jede 2. fM verdoppeln (= 6 M).
3. Rd: 1 fM verdoppeln, 5 fM (= 7 M).
Mit 1 Km schließen. Das Garn 25 cm lang abschneiden und durchziehen. Den Schnabel mit etwas Füllwatte ausstopfen.

FERTIGSTELLEN

Den Schnabel mit der Zunahme nach oben mittig am Vorderkopf festnähen. Beidseitig in Schwarz die Augen aufsticken. Ein 25 cm langes Stück Garn in Signalrot um den Hals legen, eine Schleife binden und auf die gewünschte Länge kürzen. Ein 25 cm langes Stück Goldkordel in den Kopf der Gans einziehen und verknoten. Alle Fäden vernähen.

WEIHNACHTEN WIRD ES FÜR DIE WELT!

ADELE SCHOPENHAUER

Weihnachten wird es für die Welt!
Mir aber – ist mein Lenz bestellt,
mir ging in solcher Jahresnacht
einst leuchtend auf der Liebe Pracht!

Und an der Kindheit Weihnachtsbaum
stand Englein gleich der erste Traum!

Und aus dem eiskrystall'nen Schoß
rang sich die erste Blüte los –
seitdem schau' ich nun jedes Jahr
nicht was noch ist – nur was einst war!

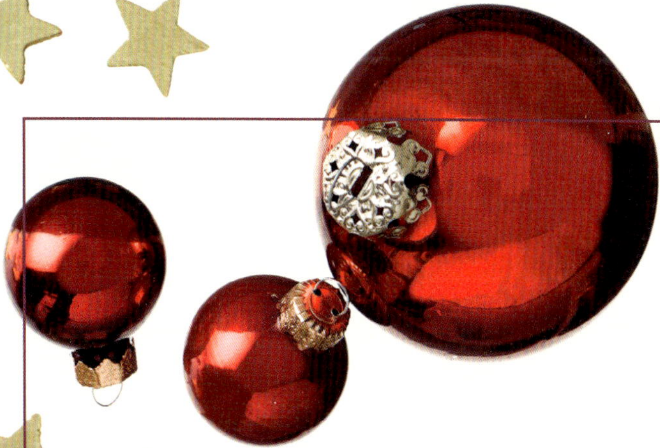

7

STOLZER GARDEOFFIZIER

SCHWIERIGKEIT 2

GRÖSSE

12 cm

MATERIAL

- Schachenmayr Catania (LL 125 m/50 g) in Weinrot (Fb 192) und Schwarz (Fb 110), je 50 g, in Rauchgrau (Fb 435), Wolke (Fb 247), Rosé Gold (Fb 433), Natur (Fb 105), Signalrot (Fb 115) und Gold (Fb 249), Reste
- Häkelnadel 2,0 mm
- Füllwatte
- Wollnadel
- dünne Goldkordel, ø 1,0 mm, 25 cm

ANLEITUNG

Der Offizier wird in Spiral-Rd gehäkelt. Am Rd-Anfang am besten zwischen die 1. und letzte M einen Kontrastfaden oder M-Markierer einlegen.

HUT, KOPF UND KÖRPER

In Schwarz einen Magic-Ring anfertigen.

1. Rd: 6 fM in den Ring häkeln (= 6M).

Weiter in Spiral-Rd häkeln.

2. Rd: Jede fM verdoppeln (= 12 M).

3. Rd: Jede 2. fM verdoppeln (= 18 M).

4. Rd: Jede 3. fM verdoppeln (= 24 M).

5. Rd: 24 fM in die hinteren M-Glieder häkeln (= 24 M).

6.-12. Rd: Jeweils 24 fM häkeln. Den Hut mit Füllwatte ausstopfen. Da das Häkelstück leicht verdreht ist, beim Ausstopfen den Hut in Form bringen.

13. Rd: Jede 3. und 4. fM zusammen abmaschen (= 18 M).

14. Rd: 18 fM häkeln.

15. Rd: 18 fM in die hinteren M-Glieder häkeln.

16. Rd (Rosé Gold): 18 fM in die hinteren M-Glieder häkeln.

17.-19. Rd: Jeweils 18 fM häkeln.

20. Rd: Jede 2. und 3. fM zusammen abmaschen (= 12 M).

21. Rd (Weinrot): Jede 2. fM verdoppeln (= 18 M).

22. Rd: Jede 3. fM verdoppeln (= 24 M).

23. Rd: 24 fM häkeln.

24. Rd: Jede 4. fM verdoppeln (= 30 M).

Der kleine Gardeoffizier freut sich schon sehr auf das Weihnachtsfest und kann es gar nicht erwarten, seine schicke weihnachtsrote Uniform zu präsentieren. Zwischen grünen Tannen leuchtet seine rote Jacke besonders schmuck hervor.

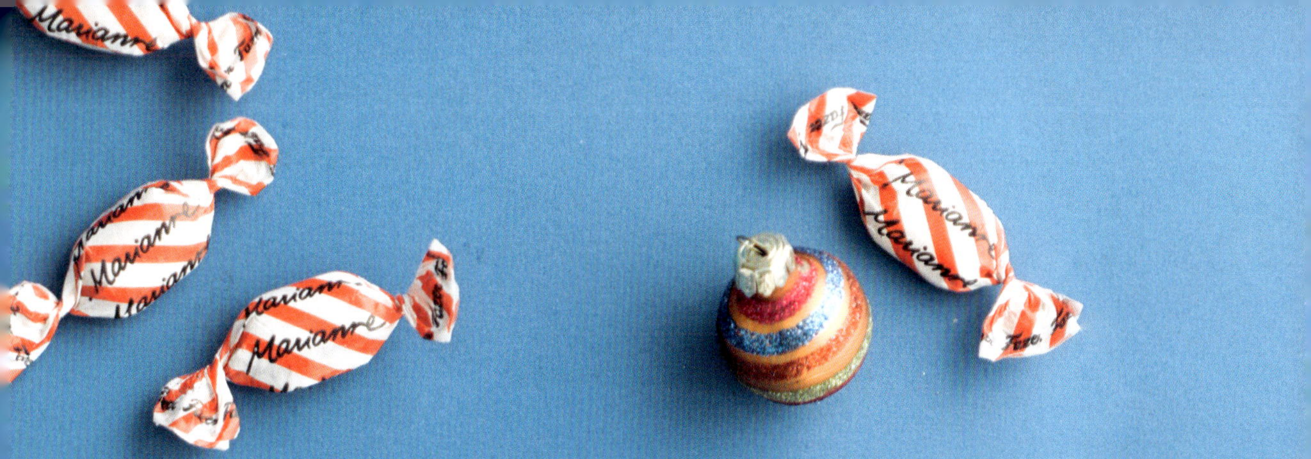

25.-28. Rd: Jeweils 30 fM häkeln.
29. Rd (Natur): 30 fM häkeln.
30. Rd (Weinrot): 30 fM in die hinteren M-Glieder häkeln.
31. Rd: 30 fM häkeln.
32. Rd: Jede 4. und 5. fM zusammen abmaschen, dabei nur in die hinteren M-Glieder häkeln (= 24 M).
33. Rd: Jede 3. und 4. fM zusammen abmaschen (= 18 fM).
34.+35. Rd (Rauchgrau): Jeweils 18 fM häkeln.
36. Rd (Schwarz): 18 fM in die hinteren M-Glieder häkeln.
37.-40. Rd: Jeweils 18 fM häkeln.
41. Rd: Jede 2. und 3. fM zusammen abmaschen, dabei in die hinteren M-Glieder häkeln (= 12 M). Weiter mit Füllwatte ausstopfen.
42. Rd: Immer 2 fM zusammen abmaschen (= 6 M).
Mit 1 Km schließen. Das Garn abschneiden, mit der Wollnd durch die 6 vorderen M-Glieder fädeln, zusammenziehen und vernähen.

FERTIGSTELLEN

Zwischen der 14. und 15. Rd des Huts in Weinrot 1 Rd Km aufhäkeln. Zwischen der 35. und 36. Rd (= Übergang von Rauchgrau zu Schwarz) in Schwarz 1 Rd Km aufhäkeln. Die Beine flach zusammenpressen und Vorder- und Hinterteil mittig so zusammennähen, dass Beine und Stiefel entstehen. Mit Gold mittig eine Raute auf den Hut sticken. In Wolke Augen, mit geteiltem Garn in Signalrot den Mund aufsticken. Von den Huträndern ausgehend einen Riemen am Gesicht und Kinn aufsticken. Über dem Bauch in Natur mit zwei langen Stichen ein Kreuz aufsticken. Ein 25 cm langes Stück Goldkordel mittig in den Kopf einziehen und verknoten. Alle Fäden vernähen.

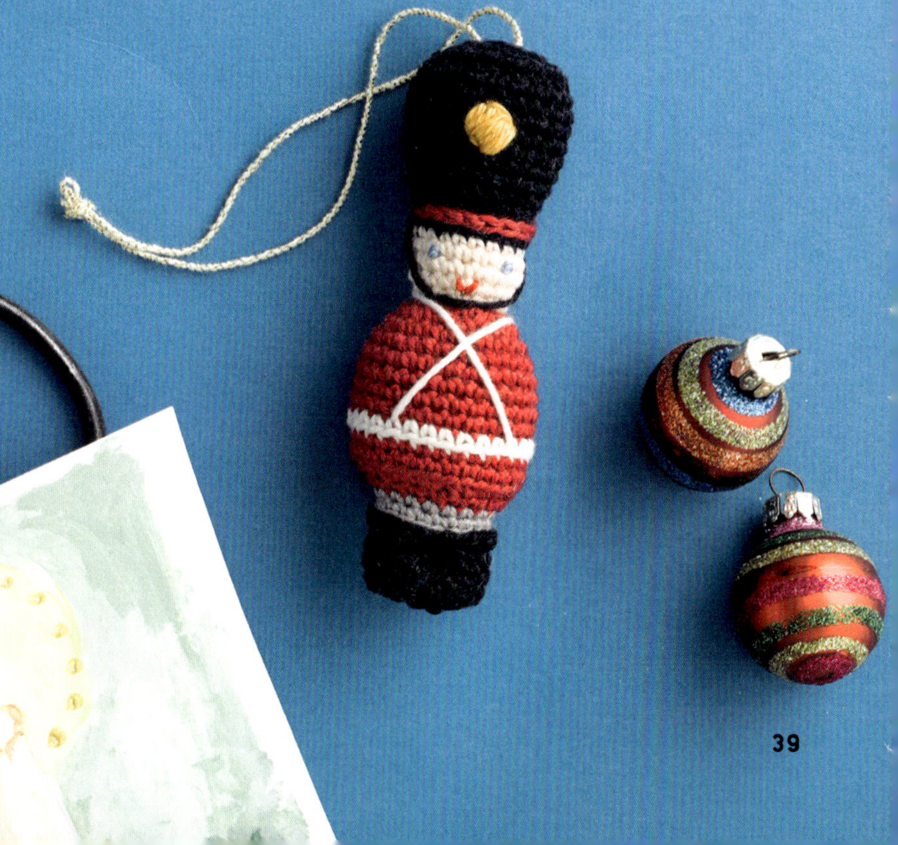

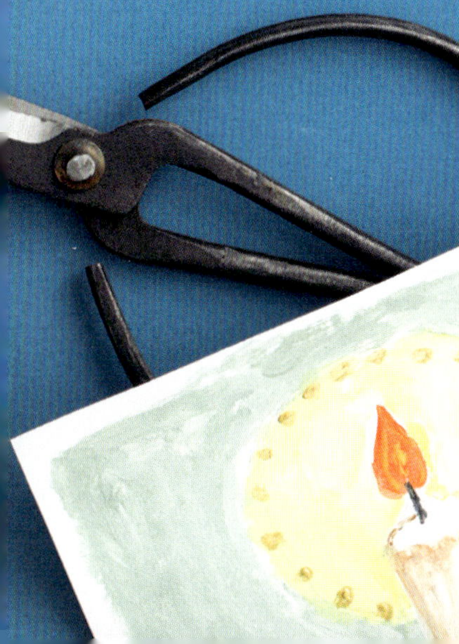

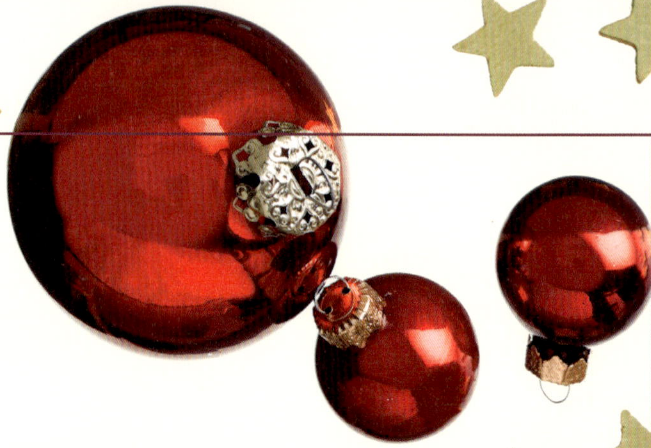

CHRISTKIND IM WALDE

ERNST VON WILDENBRUCH

Christkind kam in den Winterwald,
der Schnee war weiß, der Schnee war kalt.
Doch als das heil'ge Kind erschien,
fing's an, im Winterwald zu blühn.

Christkindlein trat zum Apfelbaum,
erweckt ihn aus dem Wintertraum.
„Schenk Äpfel süß, schenk Äpfel zart,
schenk Äpfel mir von aller Art!“
Der Apfelbaum, er rüttelt sich,
der Apfelbaum, er schüttelt sich.

Da regnet's Äpfel ringsumher;
Christkindleins Taschen wurden schwer.
Die süßen Früchte alle nahm's,
und so zu den Menschen kam's.
Nun, holde Mäulchen, kommt, verzehrt,
was euch Christkindlein hat beschert!

8

KLINGENDE GLOCKE

SCHWIERIGKEIT 1

GRÖSSE
5 cm

MATERIAL
- Schachenmayr Catania (LL 125 m/50 g) in Gold (Fb 249), 50 g, in Natur (Fb 105), Deep Amber (Fb 438) und Bast (Fb 257), Reste
- Häkelnadel 2,0 mm
- Wollnadel

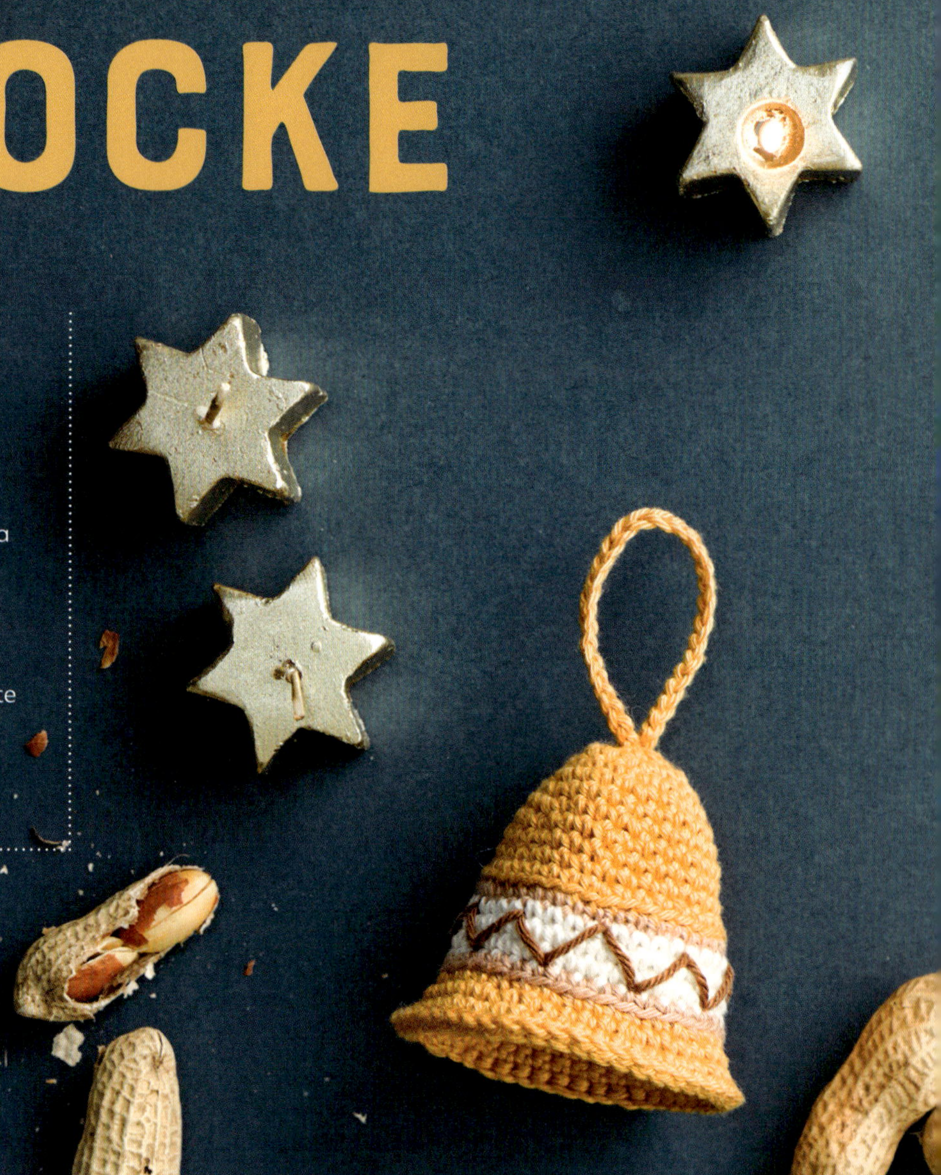

Glocken gehören zum Weihnachtsfest dazu. Mal läuten Sie laut und vernehmlich das Fest ein und schallen aus Kirchen über die Weihnachtsmärkte. Mal klingen sie nur ganz leise und künden vom Besuch des Weihnachtsmanns oder Christkinds.

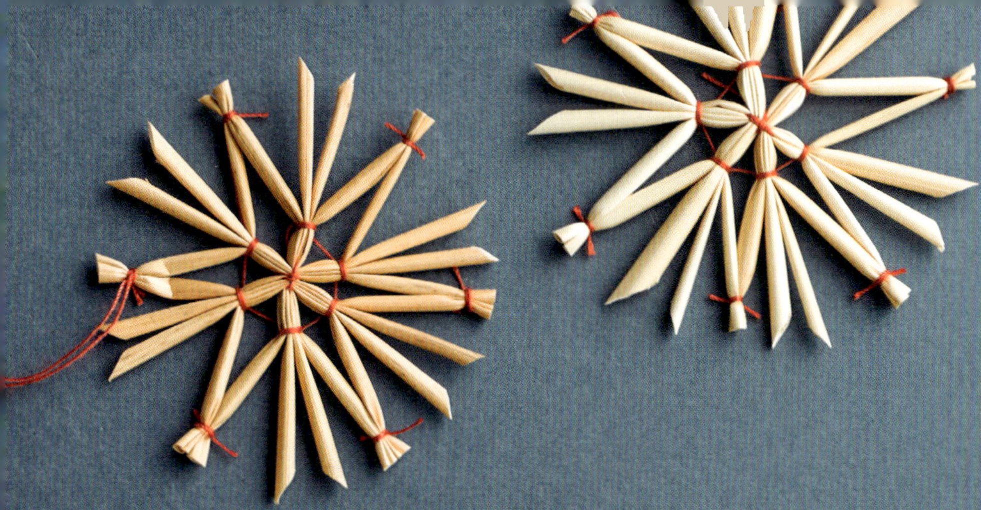

ANLEITUNG

Die Glocke wird in Spiral-Rd gehäkelt. Am Rd-Anfang am besten zwischen die 1. und letzte M einen Kontrastfaden oder M-Markierer einlegen.

GLOCKE

In Gold einen Magic-Ring anfertigen.

1. Rd: 6 fM in den Ring häkeln (= 6 M).

Weiter in Spiral-Rd häkeln.

2. Rd: Jede fM verdoppeln (= 12 M).

3. Rd: Jede 2. fM verdoppeln (= 18 M).

4. Rd: 18 fM häkeln.

5. Rd: Jede 3. fM verdoppeln (= 24 M).

6. Rd: 24 fM häkeln.

7. Rd: Jede 4. fM verdoppeln (= 30 M).

8.-10. Rd: Jeweils 30 fM häkeln.

11. Rd: Jede 5. fM verdoppeln (= 36 M).

12. Rd (Bast): 36 fM in die hinteren M-Glieder häkeln.

13.-15. Rd (Natur): Jeweils 36 fM häkeln.

16. Rd (Bast): 36 fM häkeln.

17. Rd (Gold): Jede 6. fM verdoppeln, dabei nur in die hinteren M-Glieder häkeln (= 42 M).

18. Rd: * 3 fM, 1 fM verdoppeln, 3 fM, ab * noch 5x wdh (= 48 M).

19. Rd: 48 fM häkeln.

20. Rd: 48 Km häkeln.

Das Garn abschneiden und durchziehen.

AUFHÄNGER

In Gold im Magic-Ring anschlingen, 30 Lm anschl, wieder in den Magic-Ring einstechen. Mit 1 Km schließen. Das Garn abschneiden und durchziehen.

FERTIGSTELLEN

In Deep Amber zwischen der 12. und 16. Rd ein Zick-Zack-Muster jeweils über 3 M aufsticken. Alle Fäden vernähen.

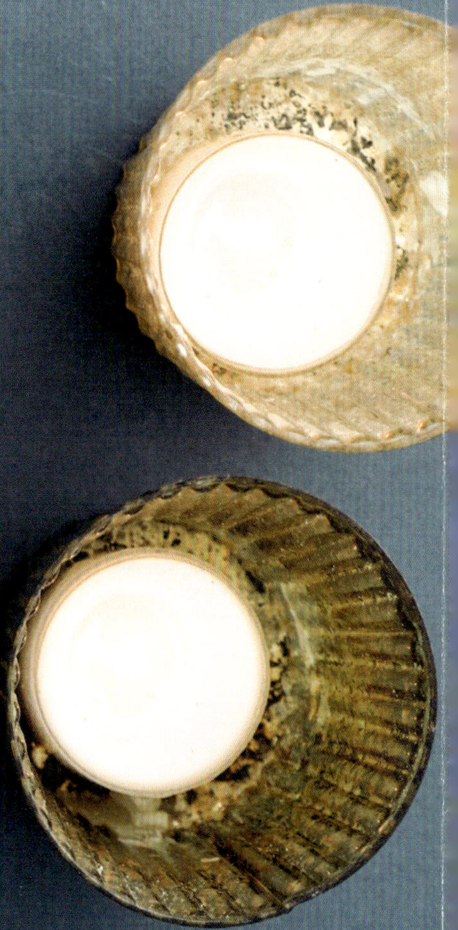

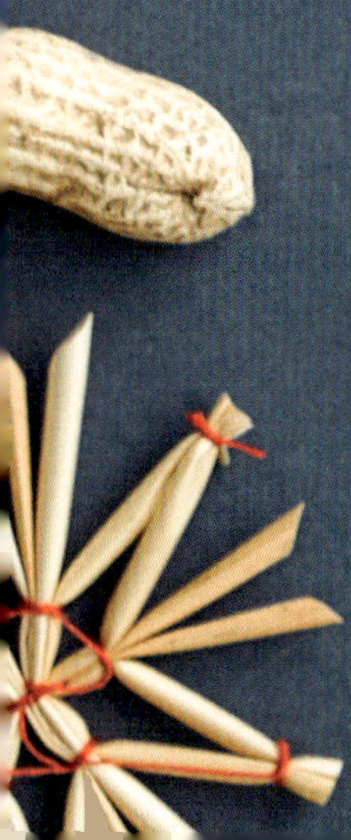

DER WEIHNACHTSBAUM

HEINRICH SEIDEL

Schön ist im Frühling die blühende Linde,
bienendurchsummt und rauschend im Winde,
hold von lieblichen Düften umweht.
Schön ist im Sommer die ragende Eiche,
die riesenhafte, titanengleiche,
die da in Wettern und Stürmen besteht.
Schön ist im Herbste des Apfelbaums Krone,
die sich dem fleißigen Pfleger zum Lohne
beugt von goldener Früchte Pracht.

Aber noch schöner weiß ich ein Bäumchen,
das gar so lieblich ins ärmlichste Räumchen
strahlt in der eisigen Winternacht.
Keiner kann mir ein schöneres zeigen:
Lichter blinken in seinen Zweigen,
goldene Äpfel in seinem Geist,
und mit schimmernden Sternen und Kränzen
sieht man ihn leuchten, sieht man ihn glänzen
anmutsvoll zum lieblichsten Fest.

Von seinen Zweigen ein träumerisch Düften
weihrauchwolkig weht in den Lüften,
füllet mit süßer Ahnung den Raum!
Dieser will uns am besten gefallen,
ihn verehren wir jauchzend vor allen,
ihn, den herrlichen Weihnachtsbaum!

9

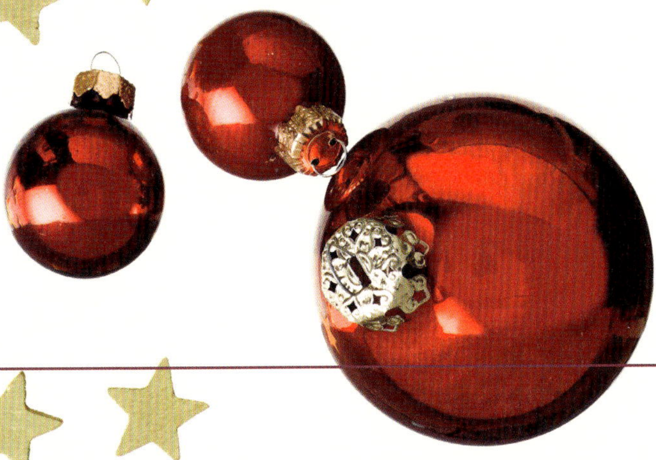

GEMÜTLICHES HÄUSCHEN

SCHWIERIGKEIT 3

GRÖSSE
6 cm

MATERIAL
- Schachenmayr Catania (LL 125 m/50 g) in Vanille (Fb 403) und Weinrot (Fb 192), je 50 g, in Deep Amber (Fb 438) und Weiß (Fb 106), Reste
- Häkelnadel 2,0 mm
- Füllwatte
- Wollnadel
- dünne Goldkordel, ø 1,0 mm, 25 cm

ANLEITUNG
Alle Teile werden in R gehäkelt.

BODEN
In Vanille 11 Lm anschl.
1. R: Ab der 2. Lm von der Nd aus 10 fM häkeln (= 10 M).
Weiter in R häkeln. Am Ende jeder R 1 Wende-Lm häkeln.
2.-10. R: Jeweils 10 fM häkeln.
Weiter den Boden mit 40 fM (= 4 Seiten mit je 10 M) umhäkeln.
Das Garn abschneiden und durchziehen.

SEITENWAND MIT GIEBEL (2x)
In Vanille in einer Ecke des Bodens anschlingen.
Weiter in R häkeln. Am Ende jeder R 1 Wende-Lm häkeln.
1. R: 10 fM in die hinteren M-Glieder des Bodens häkeln.
2.-9. R: Jeweils 10 fM häkeln.
10. R: 2 fM zusammen abmaschen, 6 fM, 2 fM zusammen abmaschen (= 8 M).
11. R: 8 fM häkeln.
12. R: 2 fM zusammen abmaschen, 4 fM, 2 fM zusammen abmaschen (= 6 M).
13. R: 6 fM häkeln.
14. R: 2 fM zusammen abmaschen, 2 fM, 2 fM zusammen abmaschen (= 4 M).
15. R: 4 fM häkeln.
16. R: Immer 2 fM zusammen abmaschen (= 2 M).
17. R: 2 fM zusammen abmaschen (= 1 M).
Das Garn abschneiden und durchziehen.
Die 2. Seitenwand mit Giebel ebenso an der gegenüberliegenden Seite des Bodens häkeln.

Seien wir doch ehrlich: Am schönsten ist Weihnachten immer noch daheim. Es sich so richtig gemütlich zu machen und einzukuscheln ist für viele der Höhepunkt des Fests. Und wenn man doch verreist, freut man sich schon auf sein schönes Zuhause.

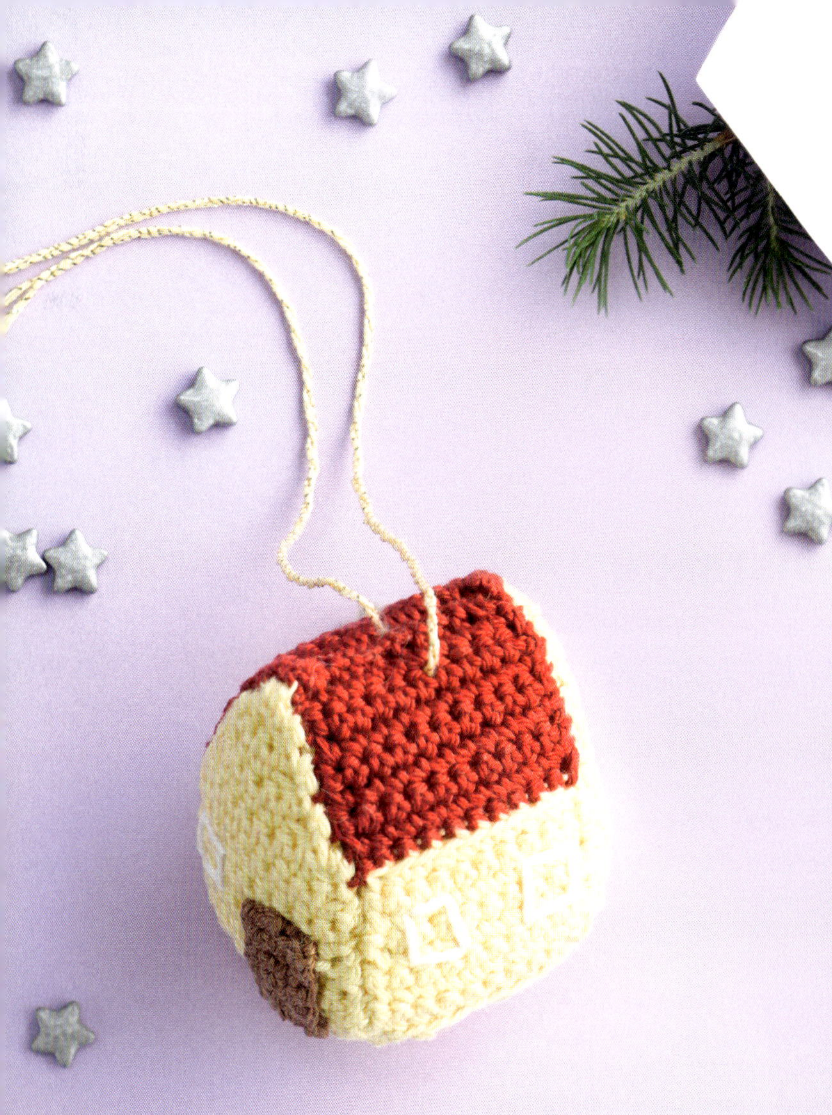

SEITENWAND MIT DACH (2x)

Nun die freien Seiten des Bodens behäkeln. Dafür in Vanille in einer Ecke anschlingen.

Weiter in R häkeln. Am Ende jeder R 1 Wende-Lm häkeln.

1. R: 10 fM in die hinteren M-Glieder des Bodens häkeln (= 10 M).

2.-9. R: Jeweils 10 fM häkeln.

10. R (Weinrot): 10 fM in die vorderen M-Glieder häkeln

11.-17. R: Jeweils 10 fM häkeln.

Das Garn abschneiden und durchziehen.

Die 2. Seitenwand mit Dach ebenso an der gegenüberliegenden Seite häkeln.

TÜR

In Deep Amber 6 Lm anschl.

1. R: Ab der 2. Lm von der Nd aus 5 fM häkeln (= 5 M).

Weiter in R häkeln. Am Ende jeder R 1 Wende-Lm häkeln.

2.-4. R: Jeweils 5 fM häkeln.

Das Garn 25 cm lang abschneiden und durchziehen.

FERTIGSTELLEN

Auf eine Seitenwand mit Giebel die Tür nähen und in Weiß ein Fenster aufsticken. Auf die gegenüberliegende Seitenwand mit Giebel in Weiß ein Fenster aufsticken. Auf die beiden anderen Wände mit Dach jeweils zwei Fenster in Weiß aufsticken. Nun alle offenen Nähte des Hauses farblich passend mit Überwendlingsstichen zusammennähen. Dabei sollten die rechten Seiten (mit Fenstern und Tür) nach innen zeigen und die vorderen M-Glieder der 1. R (aller Seitenwände) ebenfalls innen liegen. Die Öffnung am Dach noch offen lassen. Nun das Haus durch die Dachöffnung umstülpen – Fenster und Tür sowie die M-Glieder der 1. R sind jetzt außen. Mit Füllwatte ausstopfen und die Naht am Dach schließen. Ein 25 cm langes Stück Goldkordel mittig in das Dach einziehen und verknoten. Alle Fäden vernähen.

CHRISTBAUM

PETER CORNELIUS

Wie schön geschmückt der festliche Raum!
Die Lichter funkeln am Weihnachtsbaum!
O fröhliche Zeit! O seliger Traum!

Die Mutter sitzt in der Kinder Kreis;
nun schweiget alles auf ihr Geheiß:
sie singet des Christkinds Lob und Preis.
Und rings, vom Weihnachtsbaum erhellt,
ist schön in Bildern aufgestellt
des heiligen Buches Palmenwelt.

Die Kinder schauen der Bilder Pracht,
und haben wohl des Singen acht,
das tönt so süß in der Weihenacht!
O glücklicher Kreis im festlichen Raum!
O goldne Lichter am Weihnachtsbaum!
O fröhliche Zeit! O seliger Traum!

10

SÜSSE LOKOMOTIVE

SCHWIERIGKEIT 3

GRÖSSE
6 cm

MATERIAL
- Schachenmayr Catania (LL 125 m/50 g) in Schwarz (Fb 110), Weinrot (Fb 192), Anthrazit (Fb 429) und Wolke (Fb 247), je 50 g, in Natur (Fb 105), Rest
- Häkelnadel 2,0 mm
- Füllwatte
- Wollnadel
- dünne Goldkordel, ø 1,0 mm, 25 cm

ANLEITUNG

Alle Teile mit Ausnahme des Bodens und des Dachs werden in Spiral-Rd gehäkelt. Am Rd-Anfang am besten zwischen die 1. und letzte M einen Kontrastfaden oder M-Markierer einlegen.

HINTERES TEIL

In Wolke 8 Lm für den Boden anschl.
1. R: Ab der 2. Lm von der Nd aus 7 fM häkeln (= 7 M).
Weiter in R häkeln. Am Ende jeder R 1 Wende-Lm arb.
2.-7. R: Jeweils 7 fM häkeln.
Weiter den Boden mit 28 fM (= 4 Seiten mit je 7 M) umhäkeln.
Weiter in Spiral-Rd häkeln.
1. Rd: 28 fM in die hinteren M-Glieder häkeln (= 28 M).
2.-14. Rd: Jeweils 28 fM häkeln.
Mit 1 Km schließen. Das Garn 25 cm lang abschneiden und durchziehen. Das Teil mit Füllwatte ausstopfen.

DACH

In Anthrazit 9 Lm anschl.
1. R: Ab der 2. Lm von der Nd aus 8 fM häkeln (= 8 M).
Weiter in R häkeln. Am Ende jeder R 1 Wende-Lm arb.
2.-8. R: Jeweils 8 fM häkeln.
Weiter das Dach mit 32 fM (= 4 Seiten mit je 8 M) umhäkeln.
Das Garn abschneiden und durchziehen.

Wer tutet da so laut durchs verschneite Land? Die kleine Weihnachtslok macht sich lautstark bemerkbar. Sie bringt noch die letzten Weihnachtsgäste sicher an ihr Ziel und hängt dann püntlich zum Fest im geschmückten Tannenbaum.

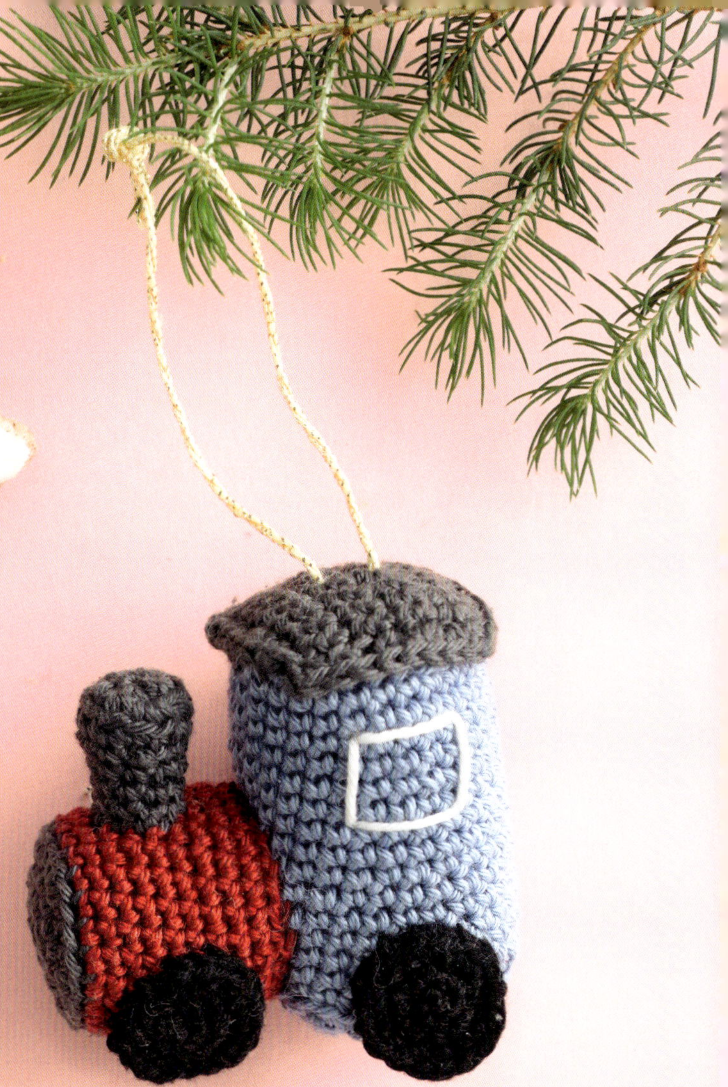

VORDERES TEIL

In Anthrazit einen Magic-Ring anfertigen.

1. Rd: 6 fM in den Ring häkeln (= 6 M).

Weiter in Spiral-Rd häkeln.

2. Rd: Jede fM verdoppeln (= 12 M).

3. Rd: Jede 2. fM verdoppeln (= 18 M).

4. Rd: * 1 fM, 1 fM verdoppeln, 1 fM, ab * noch 5x wdh (= 24 M).

5. Rd (Weinrot): 24 fM in die hinteren M-Glieder häkeln.

6.-13. Rd: Jeweils 24 fM häkeln.

Mit 1 Km schließen. Das Garn 25 cm lang abschneiden und durchziehen. Das Teil mit Füllwatte ausstopfen.

SCHORNSTEIN

In Anthrazit einen Magic-Ring anfertigen.

1. Rd: 6 fM in den Ring häkeln (= 6 M).

Weiter in Spiral-Rd häkeln.

2. Rd: Jede fM verdoppeln (= 12 M).

3. Rd: 12 fM in die hinteren M-Glieder häkeln (= 12 M).

4. Rd: Jede 3. und 4. fM zusammen abmaschen (= 9 M).

5.+6. Rd: Jeweils 9 fM häkeln (= 9 M).

Mit 1 Km schließen. Das Garn 25 cm lang abschneiden und durchziehen. Den Schornstein mit Füllwatte ausstopfen.

RAD (4x)

In Schwarz einen Magic-Ring anfertigen.

1. Rd: 6 fM in den Ring häkeln (= 6 M).

Weiter in Spiral-Rd häkeln.

2. Rd: Jede fM verdoppeln (= 12 M).

3. Rd: Jede 2. fM verdoppeln (= 18 M).

Mit 1 Km schließen. Das Garn 25 cm lang abschneiden und durchziehen.

Noch 3 weitere Räder ebenso häkeln.

FERTIGSTELLEN

Das Dach so auf das hintere Teil nähen, dass es rundum etwas übersteht. Den Schornstein auf dem vorderen Teil festnähen. Das vordere Teil bündig mit der Unterkante an das hintere Teil nähen. Rundum die 4 Räder annähen. In Natur beidseitig Fenster aufsticken. Ein 25 cm langes Stück Goldkordel in das Dach einziehen und verknoten. Alle Fäden vernähen.

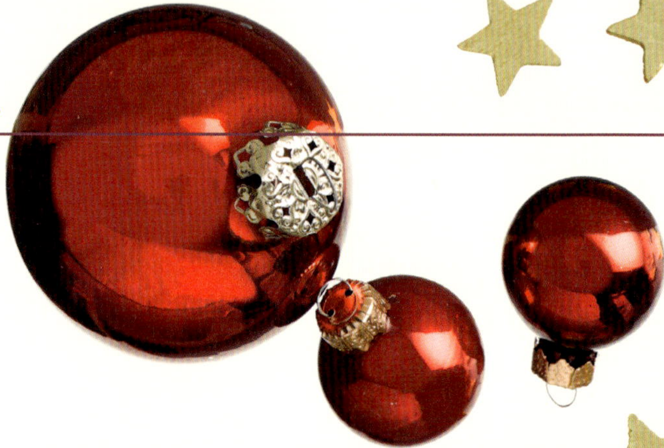

CHRISTBAUM

ADA CHRISTEN

Hörst auch du die leisen Stimmen
aus den bunten Kerzlein dringen?
Die vergessenen Gebete
aus den Tannenzweiglein singen?
Hörst auch du das schüchternfrohe,
helle Kinderlachen klingen?
Schaust auch du den stillen Engel
mit den reinen, weißen Schwingen?...

Schaust auch du dich selber wieder
fern und fremd nur wie im Traume?

Grüßt auch dich mit Märchenaugen
deine Kindheit aus dem Baume?...

11

TREUER NUSSKNACKER

SCHWIERIGKEIT 3

GRÖSSE
11 cm

MATERIAL
- Schachenmayr Catania (LL 125 m/50 g) in Tannenbaum (Fb 419), Reseda (Fb 402) und Weinrot (Fb 192), je 50 g, in Rosé Gold (Fb 433), Weiß (Fb 106), Anthrazit (Fb 429), Wolke (Fb 247), Orchidee (Fb 222), Gold (Fb 249), Schwarz (110) und Marone (Fb 157), Reste
- Häkelnadel 2,0 mm
- Füllwatte
- Wollnadel
- dünne Goldkordel, ø 1,0 mm, 25 cm

ANLEITUNG
Alle Teile mit Ausnahme des Barts und der Haare werden in Spiral-Rd gehäkelt. Am Rd-Anfang am besten zwischen die 1. und letzte M einen Kontrastfaden oder M-Markierer einlegen.

HUT, KOPF UND KÖRPER
In Tannenbaum 10 Lm anschl.

1. Rd: Ab der 2. Lm von der Nd aus 8 fM, 3 fM in 1 M. Weiter die Rückseite der Lm-Kette behäkeln: 8 fM, 3 fM in 1 M (= 22 M).

Weiter in Spiral-Rd häkeln.

2. Rd: 8 fM, 3 fM verdoppeln, 8 fM, 3 fM verdoppeln (= 28 M).

3. Rd: 28 fM in die hinteren M-Glieder häkeln.

4.-7. Rd: Jeweils 28 fM häkeln.

8. Rd: 8 fM, * 2 fM zusammen abmaschen, ab * noch 2x wdh, 8 fM, ** 2 fM zusammen abmaschen, ab ** noch 2x wdh (= 22 M).

9. Rd: 22 fM in die hinteren M-Glieder häkeln.

10.-13. Rd (Rosé Gold): Jeweils 22 fM häkeln.

Fortlaufend mit Füllwatte ausstopfen. Da das Häkelstück leicht verdreht ist, beim Ausstopfen den Hut in Form bringen.

14.-19. Rd (Reseda): Jeweils 22 fM häkeln.

20. Rd (Marone): 22 fM häkeln.

21. Rd (Reseda): 8 fM, 3 fM verdoppeln, 8 fM, 3 fM verdoppeln, dabei nur in die hinteren M-Glieder häkeln (= 28 M).

22.+23. Rd: Jeweils 28 fM häkeln.

24. Rd: 8 fM, * 2 fM zusammen abmaschen, ab * noch 2x wdh, 8 fM, ** 2 fM zusammen abmaschen, ab ** noch 2x wdh (= 22 M).

25.-32. Rd (Weinrot): Jeweils 22 fM häkeln.

33. Rd (Anthrazit): 22 fM in die hinteren M-Glieder häkeln.

34.-36. Rd: Jeweils 22 fM häkeln.

Weiter mit Füllwatte ausstopfen.

37. Rd: In die hintern M-Glieder häkeln: 8 fM, 3 fM zusammen abmaschen, 8 fM, 3 fM zusammen abmaschen (= 18 M).

Das Garn 25 cm lang abschneiden, in die Wollnd fädeln und die Öffnung damit zusammennähen.

Apfel, Nuss und Mandelkern essen alle Kinder gern, heißt es schon in einem bekannten Weihnachtsgedicht. Aber es braucht auch einen kräftigen Nussknacker, der so manche harte Nuss knackt. Er ist genau der Richtige für den harten Job.

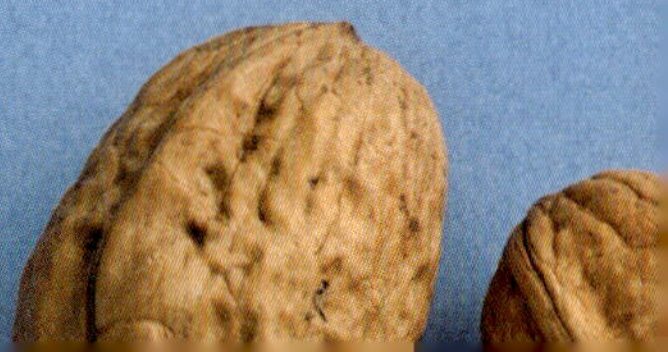

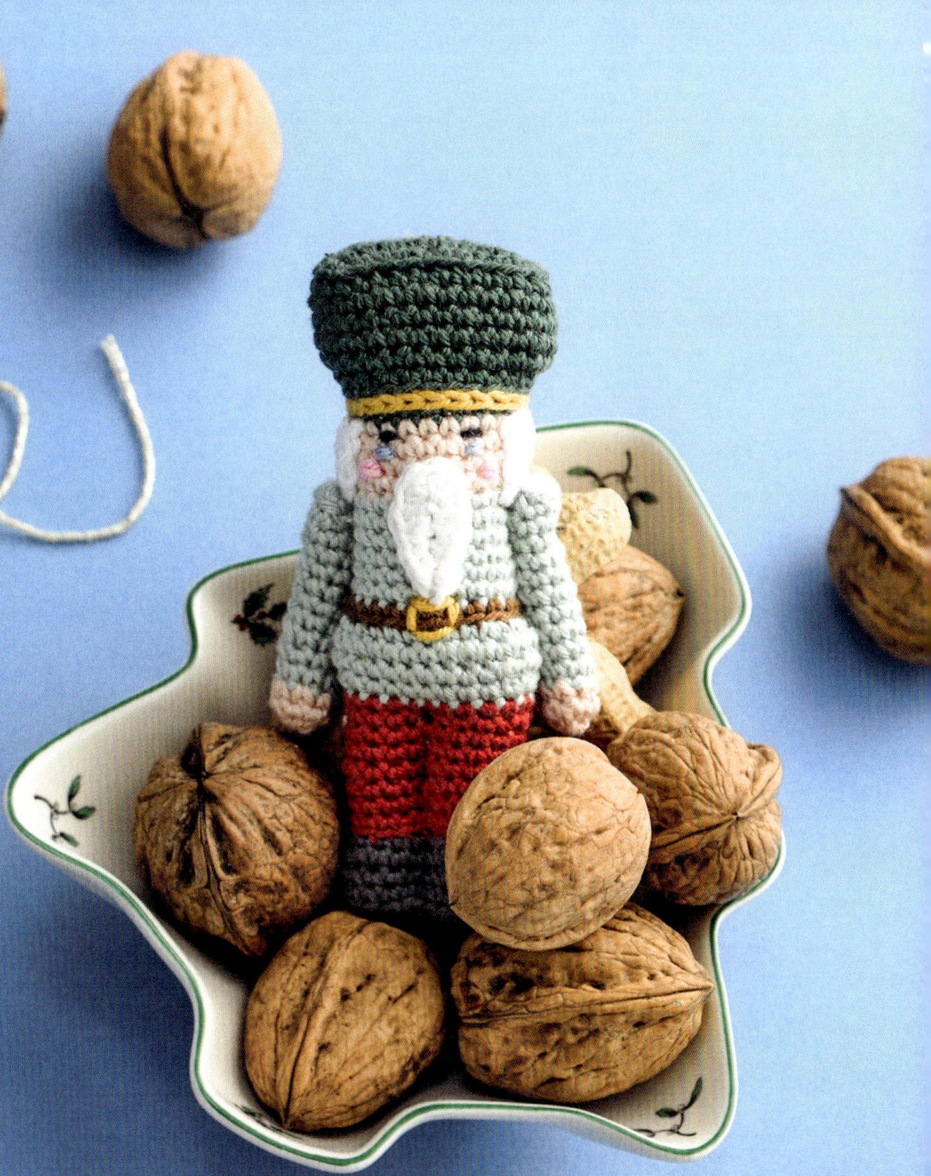

ARM (2x)

n Reseda einen Magic-Ring anfertigen.
1. Rd: 7 fM in den Ring häkeln (= 7 M).
Weiter in Spiral-Rd häkeln.
2. Rd: 7 fM in die hinteren M-Glieder häkeln.
3.-11. Rd: Jeweils 7 fM häkeln.
12.+13. Rd (Rosé Gold): Jeweils 7 fM häkeln.
Mit 1 Km schließen. Das Garn abschneiden, mit der Wollnd durch die 7 vorderen M-Glieder fädeln, zusammenziehen und vernähen.
Den 2. Arm ebenso häkeln.

BART

n Weiß 6 Lm anschl. Ab der 2. Lm von der Nd aus 2 Km, 1 fM, 1 hStb, 5 hStb in 1 M, dann die Rückseite der Lm-Kette behäkeln: 1 hStb, 1 fM, 2 Km.
Das Garn 25 cm lang abschneiden und durchziehen.

HAARE

n Weiß 16 Lm anschl.
1. R: Ab der 3. Lm von der Nd aus 14 hStb und 2 Wende-Lm häkeln (= 14 M).
2. R: 14 hStb häkeln.
Das Garn 35 cm lang abschneiden und durchziehen.

FERTIGSTELLEN

Zwischen der 8. und 9. Rd des Huts in Gold 1 Rd Km aufhäkeln. Unterhalb des Hutes an der Rückseite des Kopfes das Haar festnähen. Die Arme und den Bart festnähen. Mit geteiltem Garn in Wolke die Augen, in Schwarz die Augenbrauen, in Orchidee die Bäckchen aufsticken. Mit Garn in Gold eine Gürtelschnalle sticken. Die Beine flach zusammenpressen und in der Mitte absteppen, so dass Hose und Stiefel entstehen. Ein 25 cm langes Stück Goldkordel in den Hut einziehen und verknoten. Alle Fäden vernähen.

DIE WEIHNACHTSBÄUME

GUSTAV FALKE

Nun kommen die Weihnachtsbäume
aus dem Wald in die Stadt herein.
Träumen sie ihre Waldesträume
wieder beim Laternenschein?
Könnten sie sprechen! Die holden Geschichten
von der Waldfrau, die Märchen webt,
was wir uns alles erst erdichten,
sie haben das alles wirklich erlebt.

Da stehn sie nun an den Straßen und schauen
wunderlich und fremd darein,
als ob sie der Zukunft nicht recht trauen,
es muß doch was im Werke sein.
Freilich, wenn sie dann in den Stuben
im Schmuck der hellen Kerzen stehn,
und den kleinen Mädchen und Buben
in die glänzenden Augen sehn,
dann ist ihnen auf einmal, als hätte
ihnen das alles schon mal geträumt,
als sie noch im Wurzelbette
den stillen Waldweg eingesäumt.

Dann stehen sie da, so still und selig,
als wäre ihr heimlichstes Wünschen erfüllt,
als hätte sich ihnen doch allmählich
ihres Lebens Sinn enthüllt:
als wären sie für Konfekt und Lichter
vorherbestimmt, und es müßte so sein,
und ihre spitzen Nadelgesichter
sehen ganz verklärt darein.

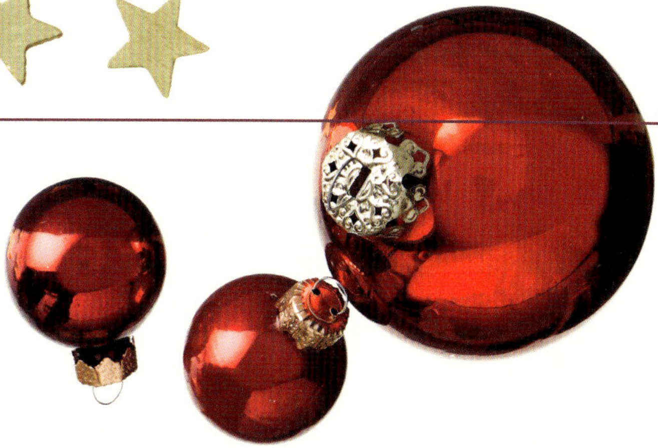

12

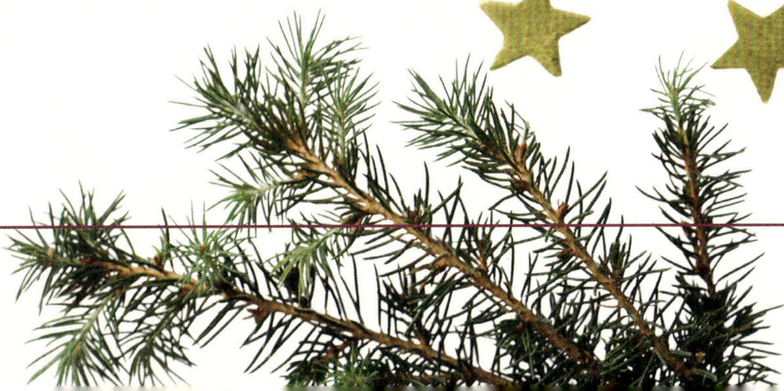

FLUFFIGES ROTKEHLCHEN

SCHWIERIGKEIT 2

GRÖSSE
7 cm

MATERIAL

- Schachenmayr Catania (LL 125 m/50 g) in Schlamm (Fb 406), 50 g, in Schwarz (Fb 110), Jaffa (Fb 189), Natur (Fb 105), Sun-Kissed (Fb 437) und Anthrazit (Fb 429), Reste
- Häkelnadel 2,0 mm
- Füllwatte
- Wollnadel
- dünne Goldkordel, ø 1,0 mm, 25 cm

ANLEITUNG

Alle Teile mit Ausnahme der Brust werden in Spiral-Rd gehäkelt. Am Rd-Anfang am besten zwischen die 1. und letzte M einen Kontrastfaden oder M-Markierer einlegen.

KOPF UND KÖRPER

In Schlamm einen Magic-Ring anfertigen.

1. Rd: 6 fM in den Ring häkeln (= 6 M).

Weiter in Spiral-Rd häkeln.

2. Rd: Jede fM verdoppeln (= 12 M).

3. Rd: Jede 2. fM verdoppeln (= 18 M).

4.-6. Rd: Jeweils 18 fM häkeln.

7. Rd: Für den Rücken 5 Lm anschl. Ab der 2. Lm von der Nd aus 4 fM, 18 fM über die M der Vor-Rd, 4 fM auf der Rückseite der Lm-Kette häkeln (= 26 M).

8. Rd: 12 fM, 2 fM verdoppeln, 12 fM (= 28 M).

9. Rd: Wieder 5 Lm anschl. Ab der 2. Lm von der Nd aus 4 fM, 28 fM über die M der Vor-Rd, 4 fM auf der Rückseite der Lm-Kette häkeln (= 36 M)

10.-12 Rd: Jeweils 36 fM häkeln.

13. Rd: Jede 6. fM verdoppeln (= 42 M).

14.-17. Rd: Jeweils 42 fM häkeln.

18. Rd: Jede 6. und 7. fM zusammen abmaschen (= 36 M).

19.-21. Rd: Jeweils 36 fM häkeln.

22. Rd: Jede 5. und 6. fM zusammen abmaschen (= 30 M).

23. Rd: 30 fM häkeln.

Fortlaufend mit Füllwatte ausstopfen.

24. Rd: Jede 4. und 5. fM zusammen abmaschen (= 24 M).

25. Rd: Jede 3. und 4. fM zusammen abmaschen (= 18 M).

26. Rd: Jede 2. und 3. fM zusammen abmaschen (= 12 M).

27. Rd: Immer 2 fM zusammen abmaschen (= 6 M).

Der kleine Gartenbewohner verbreitet ganz besonders zur Weihnachtszeit viel Freude. Mit seinem roten Kehlchen hat man den Vogel schnell entdeckt, wenn er zwitschernd auf winterkahlen Ästen und im Gebüsch sitzt und von Weihnachten singt.

Mit 1 Km schließen. Das Garn abschneiden, mit der Wollnd durch die 6 vorderen M-Glieder fädeln, zusammenziehen und vernähen.

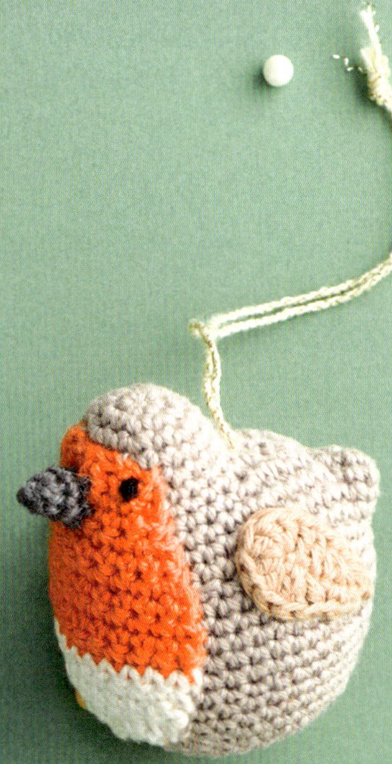

BRUST

In Jaffa 7 Lm anschl.

1. R: Ab der 2. Lm von der Nd aus 6 fM häkeln (= 6 M).

Weiter in R häkeln. Am Ende jeder R 1 Wende-Lm arb.

2. R: 1 fM verdoppeln, 4 fM, 1 fM verdoppeln (= 8 M).

3. R: 8 fM häkeln.

4. R: 1 fM verdoppeln, 6 fM, 1 fM verdoppeln (= 10 M).

5. R: 10 fM häkeln.

6. R: 1 fM verdoppeln, 8 fM, 1 fM verdoppeln (= 12 M).

7.-10. R: Jeweils 12 fM häkeln.

11.+12. R (Natur): Jeweils12 fM häkeln.

13. R: 2 fM zusammen abmaschen, 8 fM, 2 fM zusammen abmaschen (= 10 M).

14. R: 2 fM zusammen abmaschen, 1 fM, 1 hStb, 2 Stb, 1 hStb, 1 fM, 2 fM zusammen abmaschen (= 8 M).

Das Garn 25 cm lang abschneiden und durchziehen.

FLÜGEL (2x)

In Sun-Kissed 8 Lm anschl. Ab der 2. Lm von der Nd aus 1 Km, 2 fM, 2 Stb, 1 hStb, 5 Stb in 1 M. Weiter auf der Rückseite der Lm-Kette häkeln: 2 Stb, 1 hStb, 2 fM, 1 Km. Das Garn 25 cm lang abschneiden und durchziehen.

Den 2. Flügel ebenso häkeln.

SCHNABEL

In Anthrazit einen Magic-Ring anfertigen.

1. Rd: 4 fM in den Ring häkeln (= 4 M).

2. Rd: Jede 2. fM verdoppeln (= 6 M).

3. Rd: 6 fM häkeln (= 6 M).

Mit 1 Km schließen. Das Garn 25 cm lang abschneiden und durchziehen. Schnabel mit etwas Füllwatte ausstopfen.

FERTIGSTELLEN

Die Brust zwischen der 3. und der 22. Rd des Körpers vorne mittig festnähen. Darauf den Schnabel nähen und mit geteiltem Garn in Schwarz die Augen aufsticken. Die Flügel am Körper festnähen. Ein 25 cm langes Stück Goldkordel hinter dem Kopf in den Rücken einziehen und verknoten.

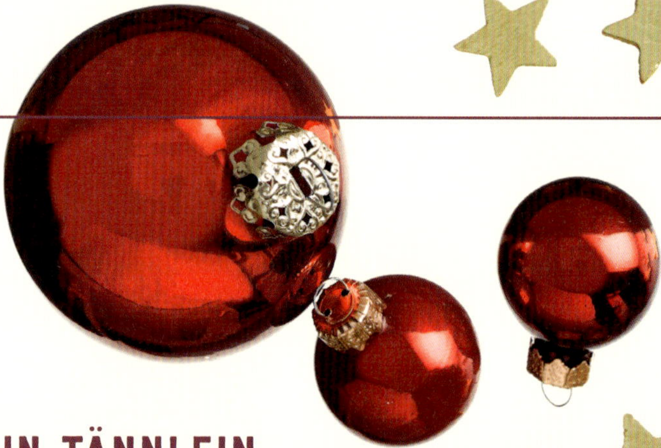

EIN TÄNNLEIN AUS DEM WALDE

ALBERT SERGEL

Ein Tännlein aus dem Walde,
und sei es noch so klein,
mit seinen grünen Zweigen
soll unsre Freude sein!

Es stand in Schnee und Eise
in klarer Wintersluft;
nun bringt's in unsre Stuben
den frischen Waldesduft.

Wir wollen schön es schmücken
mit Stern und Flittergold,
mit Äpfeln und mit Nüssen
und Lichtlein wunderhold.

Und sinkt die Weihnacht nieder,
dann gibt es lichten Schein,
das leuchtet Alt und Jungen
ins Herz hinein.

13

EISIGER SCHNEEMANN

SCHWIERIGKEIT 2

GRÖSSE
6 cm

MATERIAL
- Schachenmayr Catania (LL 125 m/50 g) in Anthrazit (Fb 429) und Weiß (Fb 106), je 50 g, in Lavendel (Fb 422), Jaffa (Fb 189) und Schwarz (Fb 110), Reste
- Häkelnadel 2,0 mm
- Füllwatte
- Wollnadel
- dünne Goldkordel, ø 1,0 mm, 25 cm

ANLEITUNG

Alle Teile mit Ausnahme des Schals werden in Spiral-Rd gehäkelt. Am Rd-Anfang am besten zwischen die 1. und letzte M einen Kontrastfaden oder M-Markierer einlegen.

HUT, KOPF UND KÖRPER

In Anthrazit einen Magic-Ring anfertigen.
1. Rd: 6 fM in den Ring häkeln (= 6 M).
Weiter in Spiral-Rd häkeln.
2. Rd: Jede fM verdoppeln (= 12 M).
3. Rd: Jede 2. fM verdoppeln (= 18 M).
4. Rd: * 1 fM, 1 fM verdoppeln, 1 fM, ab * noch 5x wdh (= 24 M).
5. Rd: 24 fM in die hinteren M-Glieder häkeln.
6. Rd: Jede 3. und 4. fM zusammen abmaschen (= 18 M).
7.-9. Rd: Jeweils 18 fM häkeln.
10. Rd (Weiß): 18 fM in die hinteren M-Glieder häkeln.
11. Rd: Jede 3. fM verdoppeln (= 24 M).
12.-14. Rd: Jeweils 24 fM häkeln.
15. Rd: Jede 3. und 4. fM zusammen abmaschen (= 18 M).
16. Rd: 18 fM häkeln.
Den Hut mit Füllwatte ausstopfen.
17. Rd: Jede 2. und 3. fM zusammen abmaschen (= 12 M).
18. Rd: Jede 2. fM verdoppeln (= 18 M).
19. Rd: 18 fM häkeln.
20. Rd: Jede 3. fM verdoppeln (= 24 M).
21. Rd: 24 fM häkeln.
22. Rd: Jede 4. fM verdoppeln (= 30 M).
23.-26. Rd: Jeweils 30 fM häkeln.
27. Rd: Jede 4. und 5. fM zusammen abmaschen (= 24 M).
28. Rd: 24 fM häkeln.
29. Rd: Jede 3. und 4 M zusammen abmaschen (= 18 M).
30. Rd: Jede 2. und 3. fM zusammen abmaschen (= 12 M).
Weiter mit Füllwatte ausstopfen.
31. Rd: Immer 2 fM zusammen abmaschen (= 6 M).
Mit 1 Km schließen. Das Garn abschneiden, mit der Wollnd durch die 6 vorderen M-Glieder fädeln, zusammenziehen und vernähen.

Wenn es kalt und ungemütlich ist, beginnt für Schneemänner das richtige Wohlfühlwetter. Wenn der erste Schnee gefallen ist, macht es großen Spaß, einen Schneemann zu bauen. Und wird es erst richtig frostig, freuen wir uns lange an diesen Gesellen.

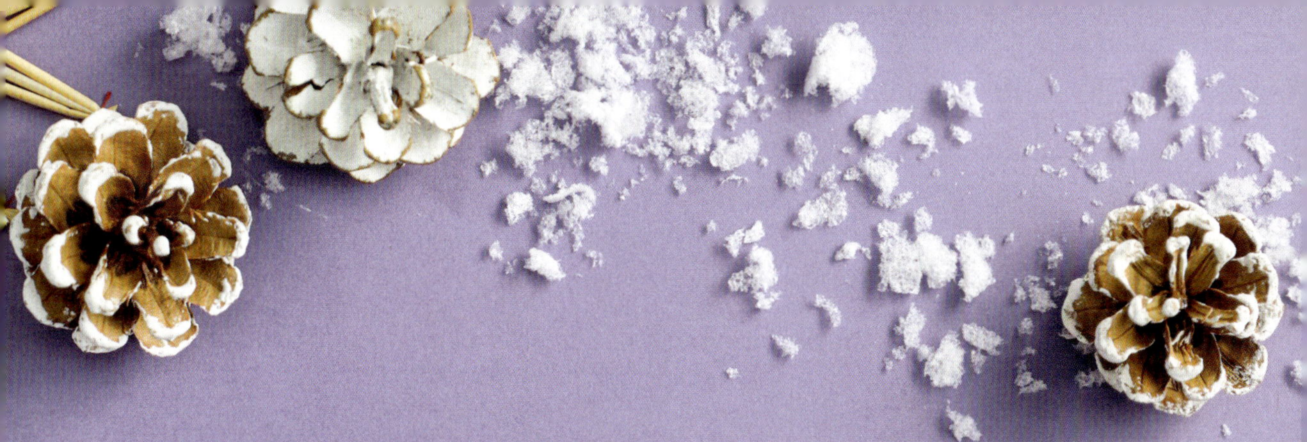

ARM (2x)

n Weiß einen Magic-Ring anfer-
:igen.
1. Rd: 6 fM in den Ring häkeln
(= 6 M).
Weiter in Spiral-Rd häkeln.
2. Rd: Jede 3. fM verdoppeln
(= 8 M).
3. Rd: 8 fM häkeln.
4. Rd: Jede 3. und 4. fM zusammen
abmaschen (= 6 M).
Mit 1 Km schließen. Das Garn
25 cm lang abschneiden und
durchziehen. Den Arm mit etwas
Füllwatte ausstopfen.
Den 2. Arm ebenso häkeln.

NASE

n Jaffa einen Magic-Ring anfer-
:igen.
1. Rd: 4 fM in den Ring häkeln
(= 4 M).
Weiter in Spiral-Rd häkeln.
2. Rd: 4 fM häkeln.
3. Rd: Jede 2. fM verdoppeln
(= 6 M).
4. Rd: 6 fM häkeln.
Mit 1 Km schließen. Das Garn
25 cm lang abschneiden und
durchziehen. Die Nase mit etwas
Füllwatte ausstopfen.

SCHAL

In Lavendel 40 Lm häkeln. Das Garn 30 cm lang abschneiden und durchziehen.

HUTKREMPE

In Anthrazit in einem vorderen M-Glied der 4. Rd des Huts anschlingen und hStb in die vorderen M-Glieder der 4. Rd häkeln, dabei jede 2. M verdoppeln. Mit 1 Km schließen. Das Garn abschneiden und durchziehen.

FERTIGSTELLEN

Die Nase im Gesicht festnähen. Mit geteiltem Garn in Schwarz Augen und Knöpfe aufsticken. Die Arme am Körper festnähen. Den Schal um den Hals legen und mit ein paar Stichen fixieren. Ein 25 cm langes Stück Goldkordel in den Hut einziehen und verknoten. Alle Fäden vernähen.

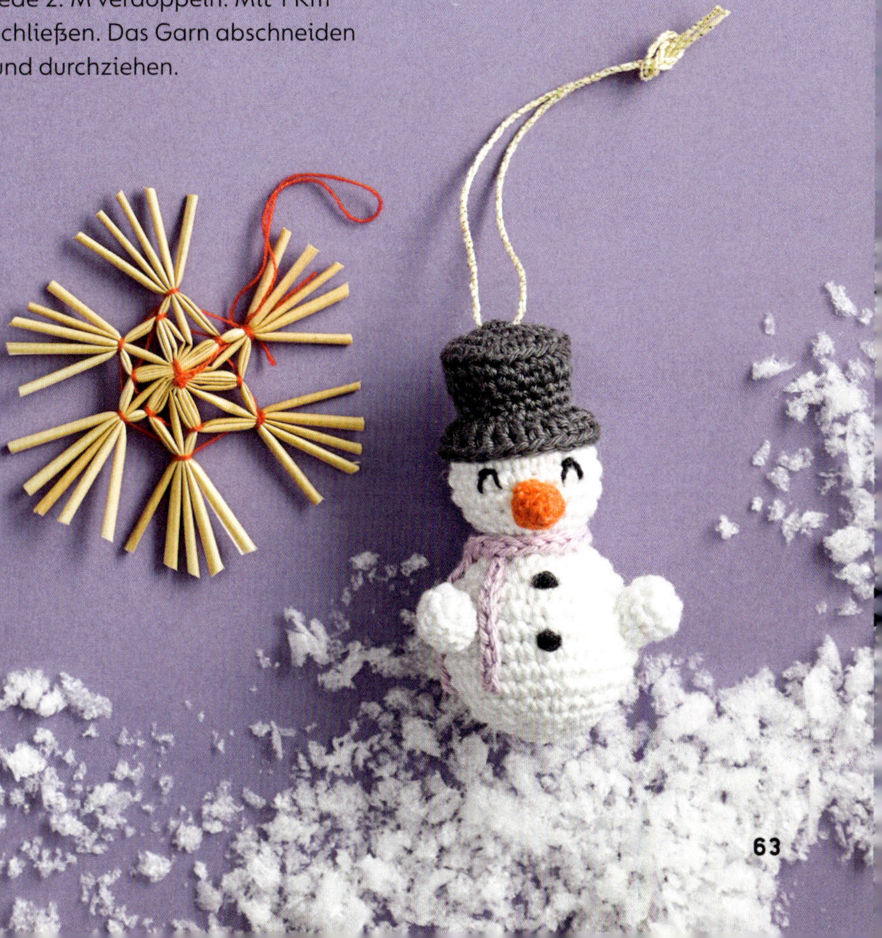

WER TUT'S?

JOHANNES TROJAN

Die Bäume fangen an zu wandern.
Das muss wohl Weihnachtszauber sein!
Ein Tannenbäumchen nach dem andern
kam in das große Haus hinein.

Das hab ich staunend wahrgenommen
und hab die Bäumchen all gezählt.
Ich weiß, wie viel ins Haus gekommen
und weiß, dass jetzt noch eines fehlt.

Ja, dieses eine fehlt noch heute,
obgleich das Fest schon gar so nah.
Ich glaub, hoch unterm Dach die Leute,
für die ist noch kein Bäumchen da.

Doch auf dem Markte steht noch eines –
ich sah es im Vorübergehn –
ein Tannenbäumchen, nur ein kleines,
doch gar nicht übel anzusehn.

Es kann nicht von der Stelle rücken
und käme gern doch an den Mann.
Wollt einer kaufen es und schmücken,
dem sagt ich, wer es brauchen kann!

Und käm es dann zum ärmsten Manne,
wie viele Freude rief es wach!
Wer kauft und schmückt die kleine Tanne
und trägt hinauf sie unters Dach?

14

ROSIGES SCHWEINCHEN

SCHWIERIGKEIT 2

GRÖSSE
7 cm

MATERIAL

- Schachenmayr Catania (LL 125 m/50 g) in Rosé Gold (Fb 433), 50 g, in Schwarz (Fb 110), Schlamm (Fb 406), Orchidee (Fb 222) und Wolke (Fb 247), Reste
- Häkelnadel 2,0 mm
- Füllwatte
- Wollnadel
- dünne Goldkordel, ø 1,0 mm, 25 cm

ANLEITUNG

Alle Teile mit Ausnahme der Ohren und des Schwänzchens werden in Spiral-Rd gehäkelt. Am Rd-Anfang am besten zwischen die 1. und letzte M einen Kontrastfaden oder M-Markierer einlegen.

KOPF UND KÖRPER

In Rosé Gold einen Magic-Ring anfertigen.
1. Rd: 6 fM in den Ring häkeln (= 6 M).
Weiter in Spiral-Rd häkeln.
2. Rd: Jede 2. fM verdoppeln, dabei nur in die hinteren M-Glieder häkeln (= 9 M).
3.+4. Rd: Jeweils 9 fM häkeln.
5. Rd: 3 fM verdoppeln, 6 fM (= 12 M).
6. Rd: 12 fM häkeln.
7. Rd: 6 fM verdoppeln, 6 fM (= 18 M).
8.+9. Rd: Jeweils 18 fM häkeln.
10. Rd: Jede 3. fM verdoppeln (= 24 M).
11. Rd: 24 fM häkeln.
12. Rd: Jede 4. fM verdoppeln (= 30 M).
Fortlaufend mit Füllwatte ausstopfen.
13.-24. Rd: Jeweils 30 fM häkeln.
25. Rd: Jede 4. und 5. fM zusammen abmaschen (= 24 M).
26. Rd: 24 fM häkeln.
27. Rd: Jede 3. und 4. fM zusammen abmaschen (= 18 M).
28. Rd: Jede 2. und 3. fM zusammen abmaschen (= 12 M).
Weiter mit Füllwatte ausstopfen.
29. Rd: Immer 2 fM zusammen abmaschen (= 6 M).
Mit 1 Km schließen. Das Garn abschneiden, mit der Wollnd durch die 6 vorderen M-Glieder fädeln, zusammenziehen und vernähen.

BEIN (4x)

In Schlamm einen Magic-Ring anfertigen.
1. Rd: 8 fM in den Ring häkeln (= 8 M).
Weiter in Spiral-Rd häkeln.
2. Rd: 8 fM in die hinteren M-Glieder häkeln.
3. Rd: 8 fM häkeln.
4.-6. Rd (Rosé Gold): Jeweils 8 fM häkeln.

Rosig zart und besonders hübsch geputzt ist dieses kleine Schweinchen. Es ist nicht nur niedlich anzuschauen, sondern bringt auch Glück für das nächste Jahr. So lässt es sich nicht nur für den Baum häkeln, sondern auch für die Silvesterdeko danach.

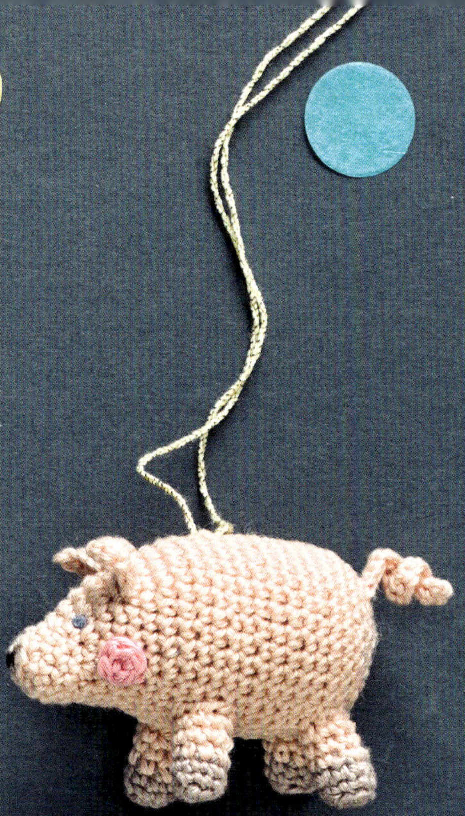

Mit 1 Km schließen. Das Garn 25 cm lang abschneiden und durchziehen. Das Bein mit etwas Füllwatte ausstopfen.

Weitere 3 Beine ebenso häkeln.

OHR (2x)

n Rosé Gold 5 Lm anschl. Ab der 2. Lm von der Nd aus 1 Km, 1 fM, 1 hStb, 1 Stb häkeln.

Das Garn 25 cm lang abschneiden und durchziehen.

Das 2. Ohr ebenso häkeln.

BÄCKCHEN (2x)

n Orchidee einen Magic-Ring anfertigen.

1. Rd: 5 fM in den Ring häkeln (= 5 M).

Mit 1 Km schließen. Das Garn 25 cm lang abschneiden und durchziehen.

Das 2. Bäckchen ebenso häkeln.

SCHWÄNZCHEN

n Rosé Gold 11 Lm anschl. Ab der 2. Lm von der Nd aus in jede M 2 fM häkeln. Das Garn 25 cm lang abschneiden und durchziehen.

FERTIGSTELLEN

Mit geteiltem Garn in Wolke die Augen zwischen der 5. und 6. Rd aufsticken, dabei zeigen die Zunahmen der 5. und 7. Rd nach oben. Den Kopf etwas flach zusammendrücken und beim Sticken das Garn etwas zusammenziehen. Mit geteiltem Garn in Schwarz Nasenlöcher aufsticken. Beine, Ohren, Bäckchen und den Schwanz annähen. Ein 25 cm langes Stück Goldkordel mittig am Rücken einziehen und oben verknoten.

DER CHRISTBAUM

KARL RUDOLF HAGENBACH

Ein schmuckes Bäumlein grünet heute
im Kinderstübchen armer Leute,
wie in des reichen Mannes Haus,
die Früchte sind für all' die gleichen,
den Jungen, Alten, Armen, Reichen
trägt dieses Bäumlein gleich viel aus.

Es wurzelt tief im Kindesglauben,
und wolltet ihr ihm diesen rauben,
verdorren müßte bald das Reis,
der jungen Pflanze zarte Triebe,
sie wirken durch die reine Liebe,
die nur von Dank und Freude weiß.

Drum sind die allerkleinsten Gaben
für die, so Lieb' und Glauben haben
am Weihnachtstag vertausendfacht;
wo Kindesglaub' und Liebe fehlen,
da mag kein Flitter es verhehlen,
kahl sei der Baum und selbstgemacht.

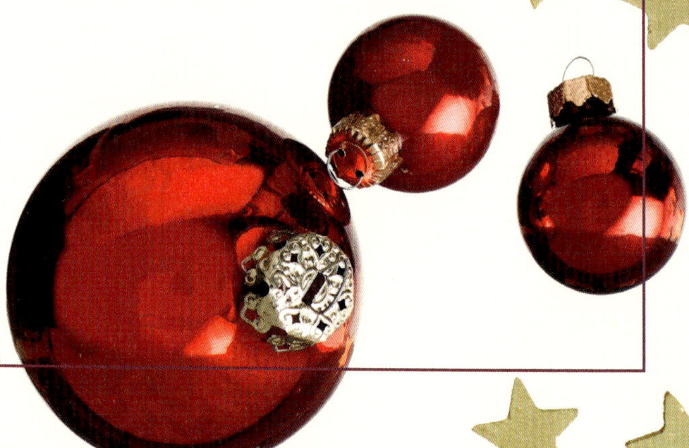

15

PUTZIGER SPIELZEUGELEFANT

SCHWIERIGKEIT 3

GRÖSSE
7,5 cm

MATERIAL

- Schachenmayr Catania (LL 125 m/50 g) in Rauchgrau (Fb 435), 50 g, in Schwarz (Fb 110), Weinrot (Fb 192), Lavendel (Fb 422) und Gold (Fb 249), Reste
- Häkelnadel 2,0 mm
- Füllwatte
- Wollnadel
- dünne Goldkordel, ø 1,0 mm, 25 cm
- Chenilledraht

ANLEITUNG

Alle Teile mit Ausnahme der Ohren und der Decke werden in Spiral-Rd gehäkelt. Am Rd-Anfang am besten zwischen die 1. und letzte M einen Kontrastfaden oder M-Markierer einlegen.

KOPF

In Rauchgrau einen Magic-Ring anfertigen.
1. Rd: 6 fM in den Ring häkeln (= 6 M).
Weiter in Spiral-Rd häkeln.
2. Rd: Jede fM verdoppeln (= 12 M).
3. R: Jede 2. fM verdoppeln (= 18 M).
4. Rd: 18 fM häkeln.
5. Rd: Jede 3. fM verdoppeln (= 24 M).
6.-10. Rd: Jeweils 24 fM häkeln.
11. Rd: Jede 3. und 4. fM zusammen abmaschen (= 18 M).
Mit 1 Km schließen. Das Garn 25 cm lang abschneiden und durchziehen. Den Kopf mit Füllwatte ausstopfen.

KÖRPER

In Rauchgrau einen Magic-Ring anfertigen.
1. Rd: 6 fM in den Ring häkeln (= 6 M).
Weiter in Spiral-Rd häkeln.
2. Rd: Jede fM verdoppeln (= 12 M).
3. R: Jede 2. fM verdoppeln (= 18 M).
4. Rd: * 1 fM, 1 fM verdoppeln, 1 fM, ab * noch 5x wdh (= 24 M).
5. Rd: 24 fM häkeln.
6. Rd: Jede 4. fM verdoppeln (= 30 M).
7.-18. Rd: Jeweils 30 fM häkeln.
19. Rd: Jede 4. und 5. fM zusammen abmaschen (= 24 M).
20. Rd: 24 fM häkeln.
21. Rd: Jede 3. und 4 M zusammen abmaschen. (= 18 M).
22. Rd: Jede 2. und 3. fM zusammen abmaschen (= 12 M).
Den Körper mit Füllwatte ausstopfen.
23. Rd: Immer 2 fM zusammen abmaschen (= 6 M).
Mit 1 Km schließen. Das Garn abschneiden, mit der Wollnd durch die 6 vorderen M-Glieder fädeln, zusammenziehen und vernähen.

Töröőö! Wer trötet da so laut durch die Gegend? Weihnachten ist doch die Zeit der Ruhe! Nicht so mit diesem kleinen Spielzeugelefanten. Kunterbunt flitzt er auf seinen roten Rädern durch das Zimmer und möchte am liebsten nur Spielen.

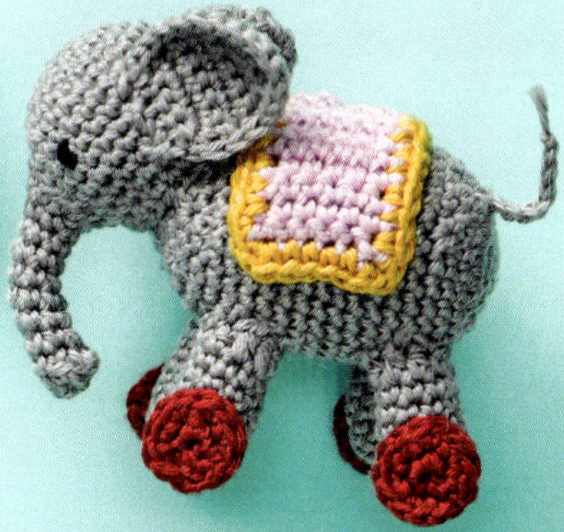

BEIN (4x)

In Rauchgrau einen Magic-Ring anfertigen.
1. Rd: 5 fM in den Ring häkeln (= 5 M).
Weiter in Spiral-Rd häkeln.
2. Rd: Jede fM verdoppeln (= 10 M).
3. Rd: 10 fM in die hinteren M-Glieder häkeln.
4.-8. Rd: Jeweils 10 fM häkeln.
9. Rd: 1 Km, 1 fM, 1 hStb, 2 Stb in 1 M, 1 hStb, 1 fM, 1 Km häkeln. Die letzten 2 M bleiben unbehäkelt.
Das Garn 25 cm lang abschneiden und durchziehen. Das Bein mit Füllwatte ausstopfen.
Weitere 3 Beine ebenso häkeln.

OHR (2x)

In Rauchgrau 5 Lm anschl.
1. R: Ab der 2. Lm von der Nd aus 4 fM häkeln (= 4 M).
Weiter in R häkeln. Am Ende jeder R 1 Wende-Lm arb.
2. R: 1 fM verdoppeln, 2 fM, 1 fM verdoppeln (= 6 M).
3.-5. R: Jeweils 6 fM häkeln.
6. Rd: 2 fM zusammen abmaschen, 2 fM, 2 fM zusammen abmaschen (= 4 M).
7. R: Immer 2 fM zusammen abmaschen (= 2 M).
8. R: 2 fM zusammen abmaschen (= 1 M).
Weiter das Ohr rundum mit fM umhäkeln. Das Garn lang abschneiden und durchziehen.
Das 2. Ohr ebenso häkeln.

RÜSSEL

In Rauchgrau einen Magic-Ring anfertigen.
1. Rd: 6 fM in den Ring häkeln (= 6M).
Weiter in Spiral-Rd häkeln.
2. Rd: 6 fM in die hinteren M-Glieder häkeln.
3.-9. Rd: Jeweils 6 fM häkeln.
10. Rd: Jede fM verdoppeln (= 12 M).
Mit 1 Km schließen. Das Garn 25 cm lang abschneiden und durchziehen.

RAD (4x)

In Weinrot einen Magic-Ring anfertigen.
1. Rd: 6 fM in den Ring häkeln (= 6 fM).
Weiter in Spiral-Rd häkeln.
2. Rd: Jede fM verdoppeln (= 12 M).
Mit 1 Km schließen. Das Garn 25 cm lang abschneiden und durchziehen.
Weitere 3 Räder ebenso häkeln.

DECKE

In Lavendel 7 Lm anschl.
1. R: Ab der 2. Lm von der Nd aus 6 fM häkeln (= 6 M).
Weiter in R häkeln. Am Ende jeder R 1 Wende-Lm arb.
2.-16. R: Jeweils 6 fM häkeln.
Das Garn abschneiden und durchziehen.
In Gold die Decke mit fM umhäkeln, dabei in den Ecken 3 fM in 1 M arb. Mit 1 Km schließen. Das Garn 25 cm lang abschneiden und durchziehen.

FERTIGSTELLEN

Den Kopf leicht schräg am Körper festnähen. Den Chenilledraht in der Mitte knicken und zusammen verdrehen. Dann auf 3 cm kürzen und in den Rüssel schieben. Beine, Rüssel und Ohren festnähen. Den Rüssel in Form biegen. In Schwarz die Augen aufsticken. Für den Schwanz in der 4. Rd des Körpers in Rauchgrau von innen anschlingen, 8 Lm häkeln, verknoten und abschneiden. Die Räder an den Außenseiten der Beine festnähen. Die Decke auf dem Rücken festnähen. Ein 25 cm langes Stück Goldkordel mittig am Rücken einziehen und verknoten. Alle Fäden vernähen.

DER WEIHNACHTSBAUM

ROBERT REINICK

Juchheissassa, Juchheissa!
Wir bringen ihn gebracht
Den Christbaum, den Tannenbaum
Der Alles lustig macht! –

Du armer, armer Tannenbaum,
Wie war dir draußen weh!
Du strecktest deine Arme aus
Und trugst doch nichts als Schnee! –

So sag' uns doch, du schmucker Baum.
Was wirst du morgen tragen! –
Hoho! so darf man Narren wohl,
Doch keinen Christbaum fragen. –

Juchheissassa, Juchheissa!
Wie ist der Schnee so weiß,
Wie grün ist doch der Tannenbaum!
Der weiß schon, was er weiß!

16

BRAVES STECKENPFERD

SCHWIERIGKEIT 3

GRÖSSE
11,5 cm

MATERIAL

- Schachenmayr Catania (LL 125 m/50 g) in Natur (Fb 105), 50 g, in Deep Amber (Fb 438), Wolke (Fb 247), Bast (Fb 257), Signalrot (115) und Schwarz (Fb 110), Reste
- Häkelnadel 2,0 mm
- Füllwatte
- Wollnadel
- dünne Goldkordel, ø 1,0 mm, 25 cm
- Chenilledraht

ANLEITUNG

Alle Teile mit Ausnahme der Ohren und der Mähne werden in Spiral-Rd gehäkelt. Am Rd-Anfang am besten zwischen die 1. und letzte M einen Kontrastfaden oder M-Markierer einlegen.

KOPF UND STAB

In Natur einen Magic-Ring anfertigen. Er bildet den Scheitelpunkt des Kopfes.
1. Rd: 6 fM in den Ring häkeln (= 6 M).
Weiter in Spiral-Rd häkeln.
2. Rd: Jede fM verdoppeln (= 12 M).
3. Rd: 12 fM häkeln.
4. Rd: Jede 2. fM verdoppeln (= 18 M).
5. Rd: 18 fM häkeln.
6. Rd: Jede 3. fM verdoppeln (= 24 M).
7. Rd: 24 fM häkeln.
8. Rd: Weiter für Hals und Stab 12 fM häkeln (= 12 M).
Die restlichen 12 M für den Kopf bleiben zunächst unbehäkelt.
Weiter in Spiral-Rd häkeln, d.h. die Rd mit den nächsten M schließen.
9.+10. Rd: 12 fM häkeln (= 12 M).
11. Rd: 1 fM verdoppeln, 11 fM (= 13 M).
12. Rd: 1 fM verdoppeln, 12 fM (= 14 M).
13.-16. Rd: Jeweils 14 fM häkeln.
17. Rd: In die hinteren M-Glieder häkeln: * 2 fM zusammen abmaschen, ab * noch 1x wdh, 3 fM zusammen abmaschen, ** 2 fM zusammen abmaschen, ab ** noch 1x wdh, 3 fM zusammen abmaschen (= 6 M).
Den Hals mit Füllwatte ausstopfen.
11. Rd (Bast): 6 fM häkeln.
12.-24. Rd: Jeweils 6 fM häkeln.
Den Chenilledraht in der Mitte knicken und zusammen verdrehen.

Hü und hott, in Trab und Galopp! Das brave Steckenpferdchen trägt seinen Reiter sicher an sein Ziel und nimmt mit ihm so manches Hindernis. Nach schnellem Ritt hat es sich seinen Hafer verdient und darf am Tannenbaum ein bisschen ausruhen.

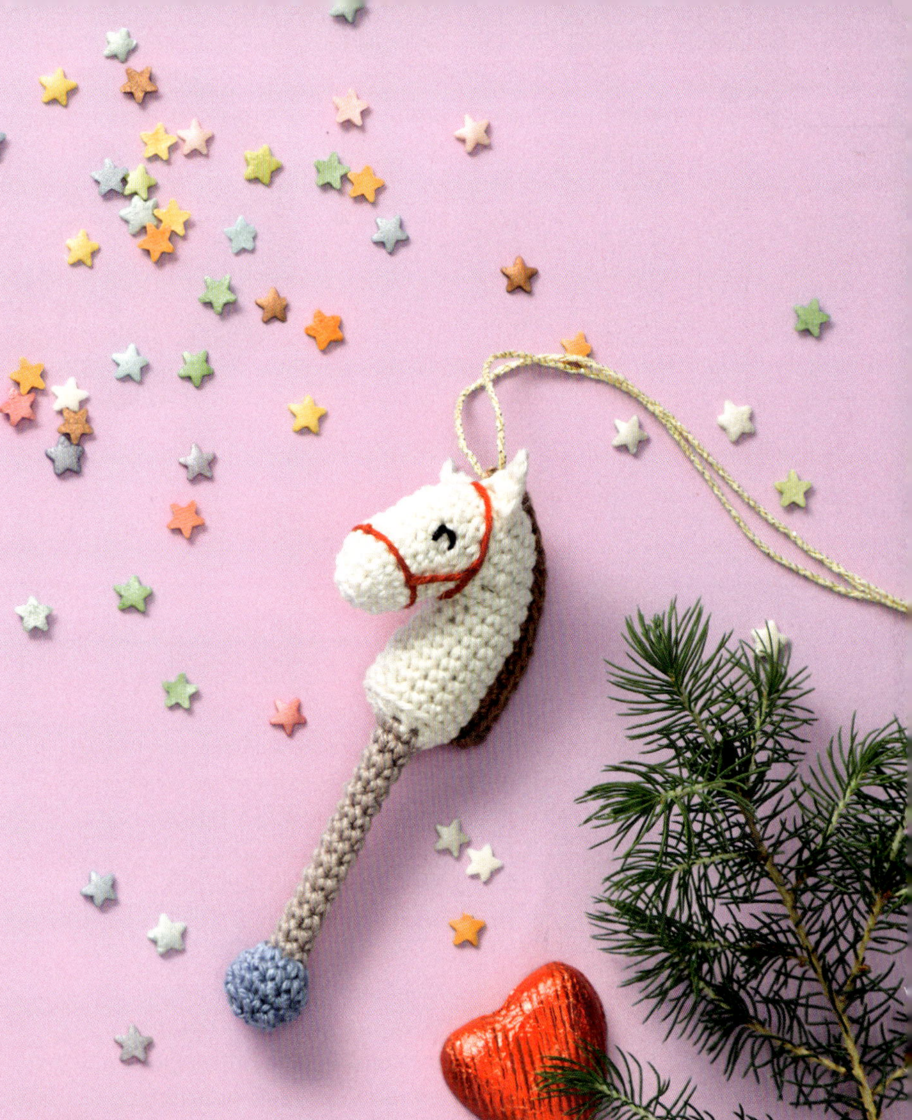

Dann auf 6 cm kürzen und in den Stab schieben.
25. Rd (Wolke): Jede fM verdoppeln (= 12 M).
26.+27. Rd: Jeweils 12 fM häkeln.
28. Rd: Immer 2 fM zusammen abmaschen (= 6 M).
Die Kugel mit etwas Füllwatte ausstopfen.
Mit 1 Km schließen. Das Garn abschneiden, mit der Wollnd durch die 6 vorderen M-Glieder fädeln, zusammenziehen und vernähen.
Für den Kopf in Natur in der 7. Rd wieder anschlingen und über die 12 M der 7. Rd wie folgt häkeln.
1. Rd: 12 fM häkeln (= 12 M).
Weiter in Spiral-Rd häkeln, d.h. die Rd mit den nächsten M schließen.
2. Rd: 12 fM häkeln
3. Rd: 5 fM, 2 fM verdoppeln, 5 fM (= 14 M).
4. Rd: 14 fM häkeln.
5. Rd: 6 fM, * 2 fM zusammen abmaschen, ab * noch 1x wdh, 4 fM (= 12 M).
Den Kopf mit Füllwatte ausstopfen.
6. Rd: Immer 2 fM zusammen abmaschen (= 6 M).
Mit 1 Km schließen. Das Garn 25 cm lang abschneiden, mit einer Wollnd durch alle 6 vorderen M-Glieder fädeln, zusammenziehen und vernähen.

OHR (2x)

In Natur 4 Lm anschl.
Ab der 2. Lm von der Nd aus 1 Km, 1 fM, 1 Stb häkeln. Das Garn 25 cm lang abschneiden und durchziehen.
Das 2. Ohr ebenso häkeln.

MÄHNE

In Deep Amber am Magic-Ring anschlingen. Entlang des Halses mittig 16 fM aufhäkeln (bis zur 16. Rd des Halses), mit 1 Lm wenden eine 2. R mit 16 fM häkeln.
Das Garn abschneiden und durchziehen.

FERTIGSTELLEN

Die Ohren am Kopf festnähen und in Signalrot ein Zaumzeug aufsticken. Mit geteiltem Garn in Schwarz Augen aufsticken. Ein 25 cm langes Stück Goldkordel mittig in den Kopf einziehen und verknoten. Alle Fäden vernähen.

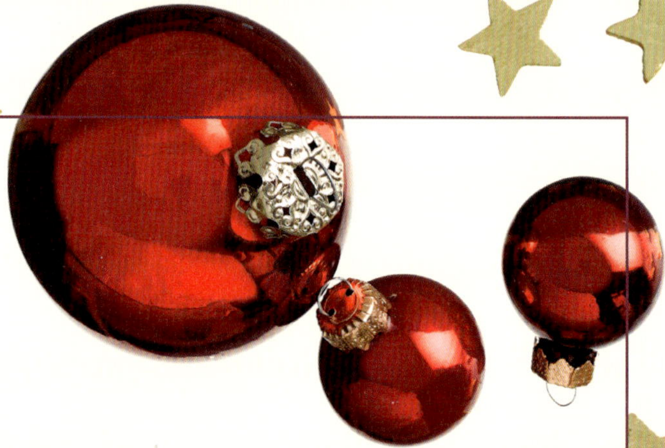

WO DIE ZWEIGE

ANNA RITTER

Wo die Zweige am dichtesten hangen,
die Wege am tiefsten verschneit,
da ist um die Dämmerzeit
im Walde das Christkind gegangen.

Es musste sich wacker plagen,
denn einen riesigen Sack
hat's meilenweit huckepack
auf den schmächtigen Schultern getragen.

Zwei spielende Häschen saßen
geduckt am schneeigen Rain.
Die traf solch blendender Schein,
dass sie das Spielen vergaßen.

Doch das Eichhorn hob schnuppernd die Ohren
und suchte die halbe Nacht,
ob das Christkind von all seiner Pracht
nicht ein einziges Nüsschen verloren.

17

FUNKELNDER STERN

SCHWIERIGKEIT 2

GRÖSSE
6 cm

MATERIAL
- Schachenmayr Catania (LL 125 m/50 g) in Gold (Fb 249), 50 g
- Häkelnadel 2,0 mm
- Füllwatte
- Wollnadel
- dünne Goldkordel, ø 1,0 mm, 25 cm

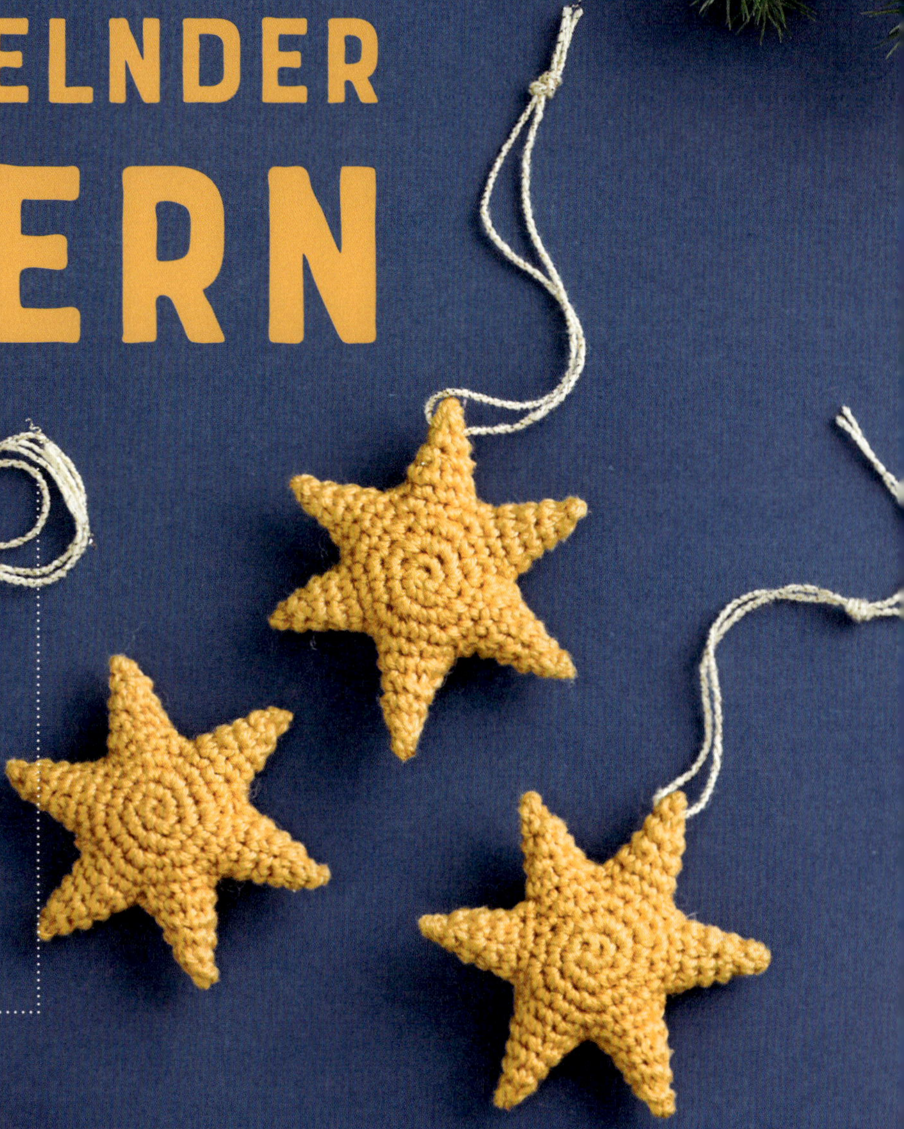

Was glitzert denn da versteckt zwischen den Zweigen? Ist das ein kleiner Stern? Er wollte sich den ganzen Festtagszauber von nahem ansehen und hat sich im Tannenbaum versteckt. Dort wirft er jetzt sein kleines Licht funkelnd auf die Feiernden.

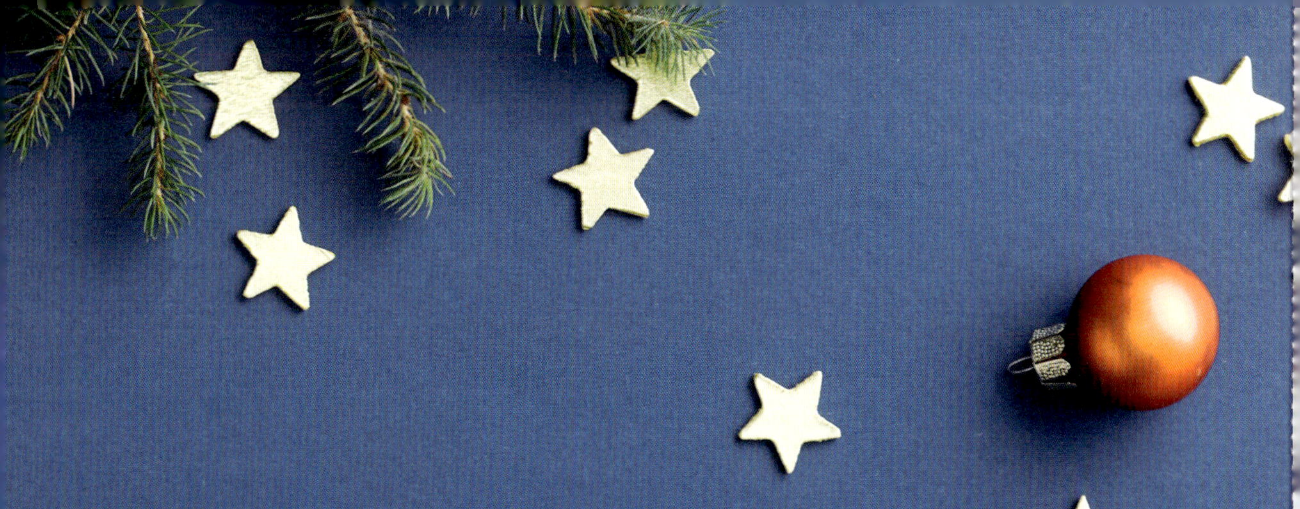

ANLEITUNG

Alle Teile werden in Spiral-Rd ge-
näkelt. Am Rd-Anfang am besten zwischen die 1. und letzte M einen Kontrastfaden oder M-Markierer einlegen.

MITTELKREIS (2x)

n Gold einen Magic-Ring anfertigen.

1. **Rd:** 6 fM in den Ring häkeln (= 6 M).

Weiter in Spiral-Rd häkeln.

2. **Rd:** Jede fM verdoppeln (= 12 M).

3. **Rd:** * 1 fM, 1 fM verdoppeln, 1 fM, ab * noch 5x wdh (= 24 M).

Das Garn abschneiden und durchziehen.

Den 2. Kreis ebenso häkeln, das Garn jedoch nicht abschneiden, sondern wie folgt die Zacken häkeln.

ZACKE (6x)

Die beiden Kreise links auf links aufeinander legen, der 2. Kreis liegt oben.

* **1. Rd:** Für eine Zacke zunächst 4 fM auf den 2. Kreis häkeln und dann weiter 4 fM auf den 1. Kreis häkeln (= 8 M).

Weiter in Spiral-Rd häkeln.

2. Rd: 8 fM häkeln.

3. Rd: 2 fM, 2 fM zusammen abmaschen, 2 fM, 2 fM zusammen abmaschen (= 6 M).

4. Rd: 6 fM häkeln.

5. Rd: 1 fM, 2 fM zusammen abmaschen, 1 fM, 2 fM zusammen abmaschen (= 4 M).

Mit 1 Km schließen. Das Garn abschneiden, mit der Wollnd durch die 4 vorderen M-Glieder fädeln, zusammenziehen und vernähen, dabei die Spitze der Zacke ausformen und mit etwas Füllwatte ausstopfen.

Für weitere 5 Zacken ab * noch 5x wdh, dabei immer mit dem neu angesetzten Garn die kleinen Öffnungen zwischen den Zacken schließen. Bei der letzten Zacke vor dem Schließen der Öffnung die Mitte des Sterns mit Füllwatte ausstopfen.

FERTIGSTELLEN

Ein 25 cm langes Stück Goldkordel in die Spitze einer Zacke einziehen und verknoten. Alle Fäden vernähen.

CHRISTBAUM

FRIEDRICH WILHELM WEBER

Der Winter ist ein karger Mann,
er hat von Schnee ein Röcklein an;
zwei Schuh von Eis
sind nicht zu heiß;
von rauhem Reif eine Mütze
macht auch nur wenig Hitze.

Er klagt: „Verarmt ist Feld und Flur!"
Den grünen Christbaum hat er nur;
den trägt er aus
in jedes Haus,
in Hütten und Königshallen:
den schönsten Strauß von allen!

18

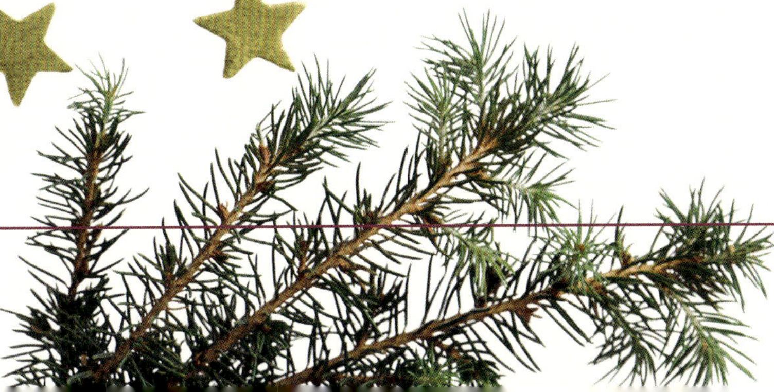

GRÜNER TANNENBAUM

SCHWIERIGKEIT 1

GRÖSSE
9,5 cm

MATERIAL
- Schachenmayr Catania (LL 125 m/50 g) in Tannenbaum (Fb 419) und Deep Amber (Fb 438), je 50 g
- Häkelnadel 2,0 mm
- Füllwatte
- Wollnadel
- dünne Goldkordel, ø 1,0 mm, 25 cm

ANLEITUNG

Der Baum wird in Spiral-Rd gehäkelt. Am Rd-Anfang am besten zwischen die 1. und letzte M einen Kontrastfaden oder M-Markierer einlegen.

TANNENBAUM

In Tannenbaum einen Magic-Ring anfertigen.
1. Rd: 4 fM in den Ring häkeln (= 4 M).
Weiter in Spiral-Rd häkeln.
2. Rd: Jede 2. fM verdoppeln (= 6 M).
3. Rd: 6 fM häkeln.
4. Rd: Jede 2. fM verdoppeln (= 9 M).
5. Rd: 9 fM häkeln.
6. Rd: Jede 3. fM verdoppeln (= 12 M).
7. Rd: 12 fM häkeln.
8. Rd: Jede 2. fM verdoppeln (= 18 M).
9. Rd: 18 fM häkeln.
Fortlaufend mit Füllwatte ausstopfen.
10. Rd: Jede 3. fM verdoppeln (= 24 M).
11.+12.Rd: Jeweils 24 fM häkeln.
13. Rd: Jede 4. fM verdoppeln (= 30 M).
14.-16. Rd: Jeweils 30 fM häkeln.
17. Rd: Jede 5. fM verdoppeln (= 36 M).
18.-20. Rd: Jeweils 36 fM häkeln.
21. Rd: Jede 5. und 6. fM zusammen abmaschen, dabei nur in die hinteren M-Glieder häkeln (= 30 M).
22. Rd: Jede 4. und 5. fM zusammen abmaschen (= 24 M).

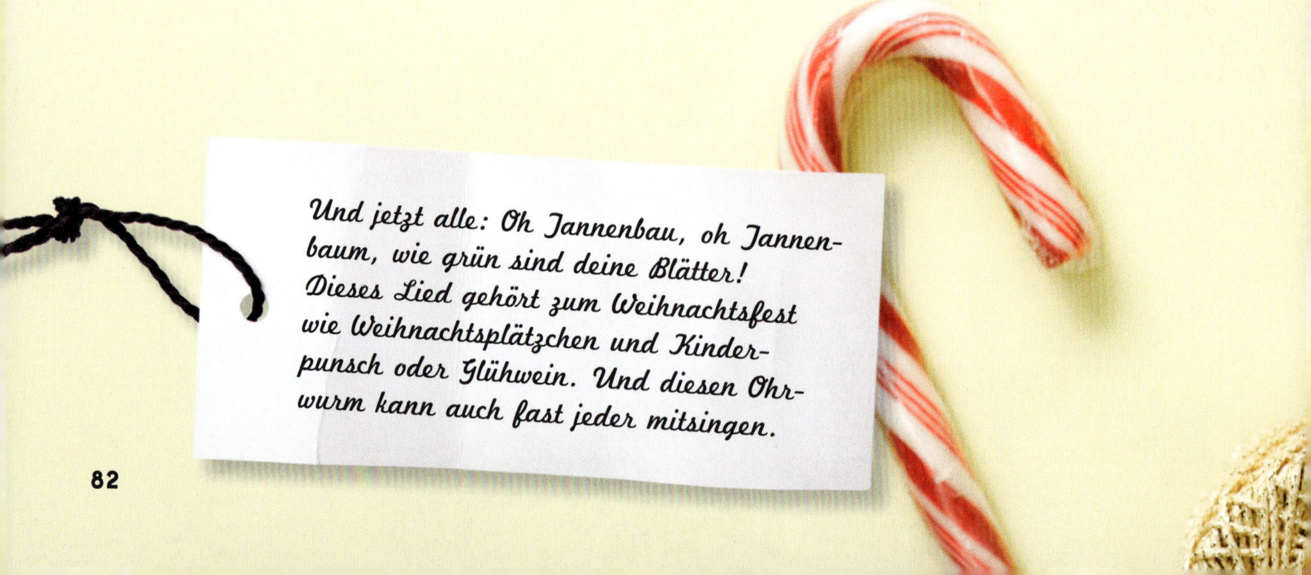

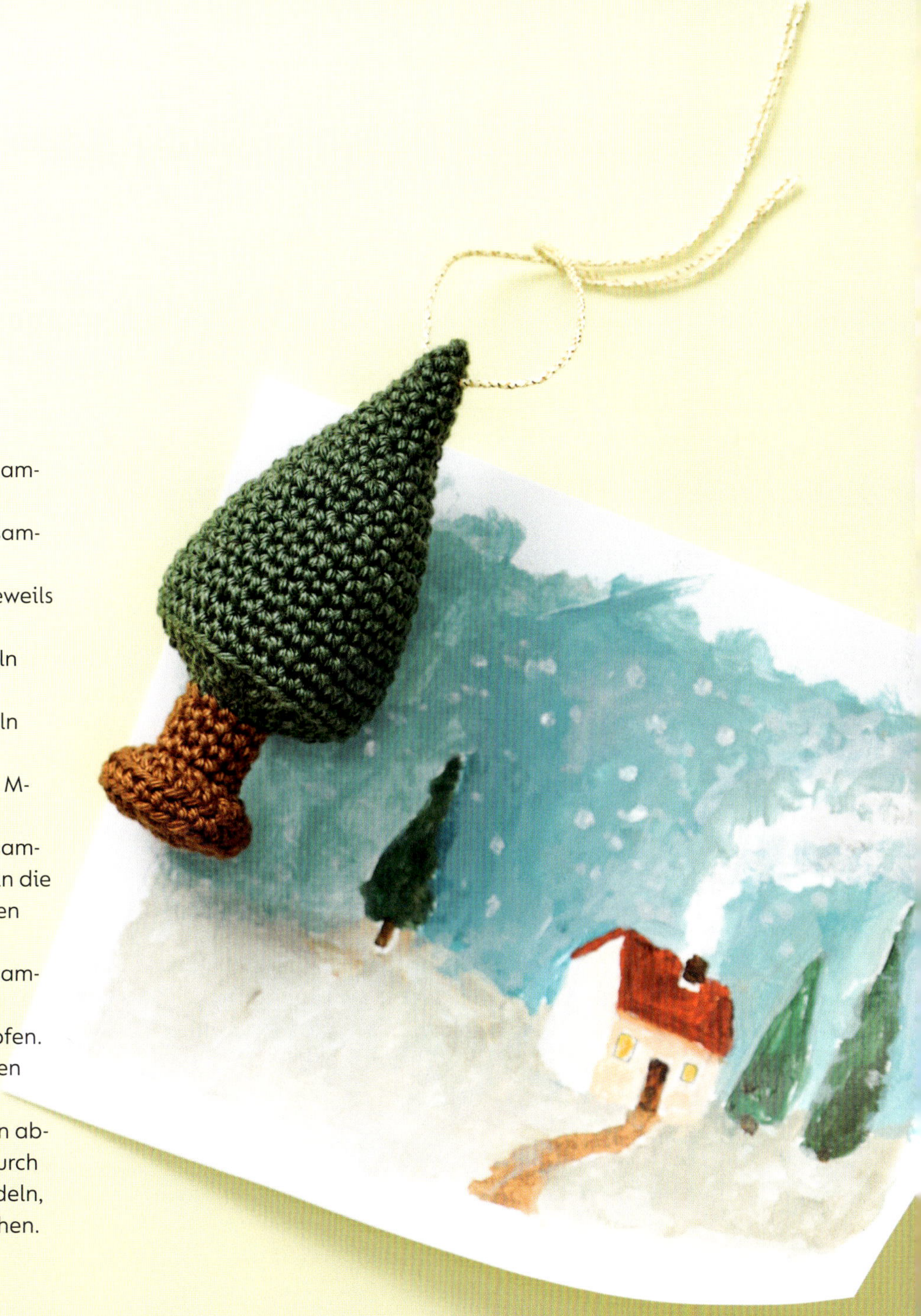

23. Rd: Jede 3. und 4. fM zusammen abmaschen (= 18 M).
24. Rd: Jede 2. und 3. fM zusammen abmaschen (= 12 M).
25.-28. Rd (Deep Amber): Jeweils 12 fM häkeln.
29. Rd: Jede 2. fM verdoppeln (= 18 M).
30. Rd: Jede 3. fM verdoppeln (= 24 M).
31. Rd: 24 fM in die hinteren M-Glieder häkeln.
32. Rd: Jede 3. und 4. fM zusammen abmaschen, dabei nur in die hinteren M-Glieder einstechen (= 18 M).
33. Rd: Jede 2. und 3. fM zusammen abmaschen (= 12 M).
Weiter mit Füllwatte ausstopfen.
34. Rd: Immer 2 fM zusammen abmaschen (= 6 M).
Mit 1 Km schließen. Das Garn abschneiden, mit der Wollnd durch die 6 vorderen M-Glieder fädeln, zusammenziehen und vernähen.

FERTIGSTELLEN

Ein 25 cm langes Stück Goldkordel in die Spitze einziehen und verknoten. Alle Fäden vernähen.

DER TRAUM

HEINRICH HOFFMANN VON FALLERSLEBEN

Ich lag und schlief; da träumte mir
ein wunderschöner Traum:
Es stand auf unserm Tisch vor mir
ein hoher Weihnachtsbaum.

Und bunte Lichter ohne Zahl,
die brannten ringsumher;
die Zweige waren allzumal
von goldnen Äpfeln schwer.
Und Zuckerpuppen hingen dran;
das war mal eine Pracht!
Da gab's, was ich nur wünschen kann
und was mir Freude macht.

Und als ich nach dem Baume sah
und ganz verwundert stand,
nach einem Apfel griff ich da,
und alles, alles schwand.
Da wacht' ich auf aus meinem Traum,
und dunkel war's um mich.
Du lieber, schöner Weihnachtsbaum,
sag an, wo find' ich dich?

Da war es just, als rief er mir:
„Du darfst nur artig sein;
dann steh' ich wiederum vor dir;
jetzt aber schlaf nur ein!
Und wenn du folgst und artig bist,
dann ist erfüllt dein Traum,
dann bringet dir der heil'ge Christ
den schönsten Weihnachtsbaum.

19

KUSCHELIGER TEDDYBÄR

SCHWIERIGKEIT 2

GRÖSSE
10 cm

MATERIAL
- Schachenmayr Catania (LL 125 m/50 g) in Deep Amber (Fb 438) und Lavendel (Fb 422), je 50 g, in Weinrot (Fb 192), Schlamm (Fb 406), Orchidee (Fb 222) und Schwarz (Fb 110), Reste
- Häkelnadel 2,0 mm
- Füllwatte
- Wollnadel
- dünne Goldkordel, ø 1,0 mm, 20 m

ANLEITUNG
Alle Teile werden in Spiral-Rd gehäkelt. Am Rd-Anfang am besten zwischen die 1. und letzte M einen Kontrastfaden oder M-Markierer einlegen.

KOPF UND KÖRPER
In Deep Amber einen Magic-Ring anfertigen.

1. Rd: 6 fM in den Ring häkeln (= 6 M).
Weiter in Spiral-Rd häkeln.
2. Rd: Jede fM verdoppeln (= 12 M).
3. Rd: Jede 2. fM verdoppeln (= 18 M).
4. Rd: 18 fM häkeln.
5. Rd: Jede 3. fM verdoppeln (= 24 M).
6.-10. Rd: Jeweils 24 fM häkeln.
11. Rd: Jede 3. und 4. fM zusammen abmaschen (= 18 M).
12. Rd: 18 fM häkeln.
13. Rd: Jede 2. und 3. fM zusammen abmaschen (= 12 M).
Den Kopf mit Füllwatte ausstopfen.
14. Rd (Lavendel): Jede 2. fM verdoppeln (= 18 M).
15. Rd: Jede 3. fM verdoppeln (= 24 M).
16. Rd: 24 fM häkeln.
17. Rd: Jede 4. fM verdoppeln (= 30 M).
18. Rd: 30 fM häkeln.
19. Rd: Jede 5. fM verdoppeln (= 36 M).
20.-24. Rd: Jeweils 36 fM häkeln.
25. Rd (Deep Amber): 36 fM in die hinteren M-Glieder häkeln.
26. Rd: 36 fM häkeln
27. Rd: Jede 5. und 6. fM zusammen abmaschen (= 30 M).
28. Rd: 30 fM häkeln.
29. Rd: Jede 4. und 5. fM zusammen abmaschen (= 24 M).
30. Rd: 24 fM häkeln.
31. Rd: Jede 3. und 4. fM zusammen abmaschen (= 18 M).
32. Rd: Jede 2. und 3. fM zusammen abmaschen (= 12 M).
Weiter mit Füllwatte ausstopfen.

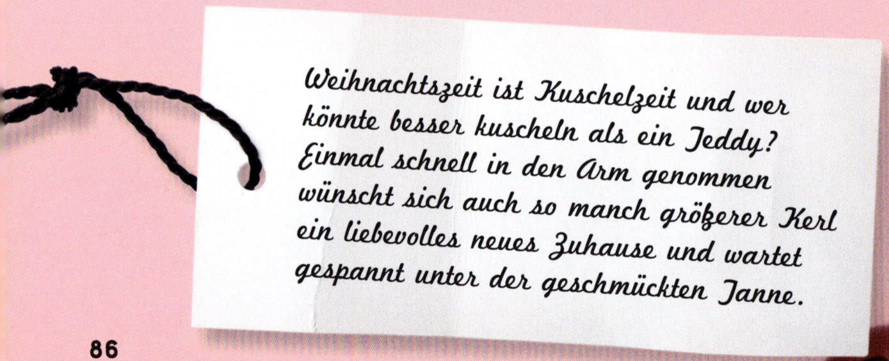

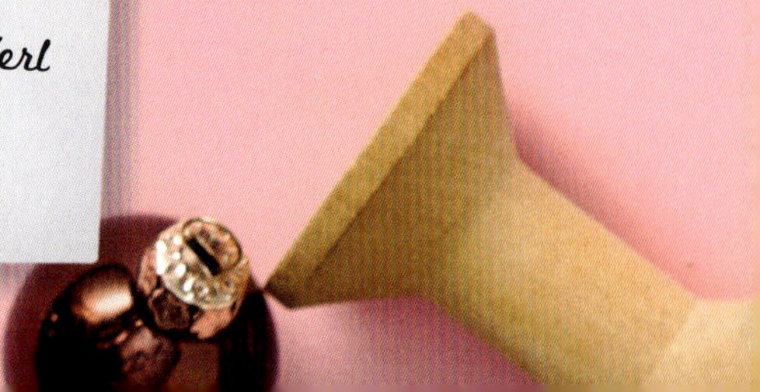

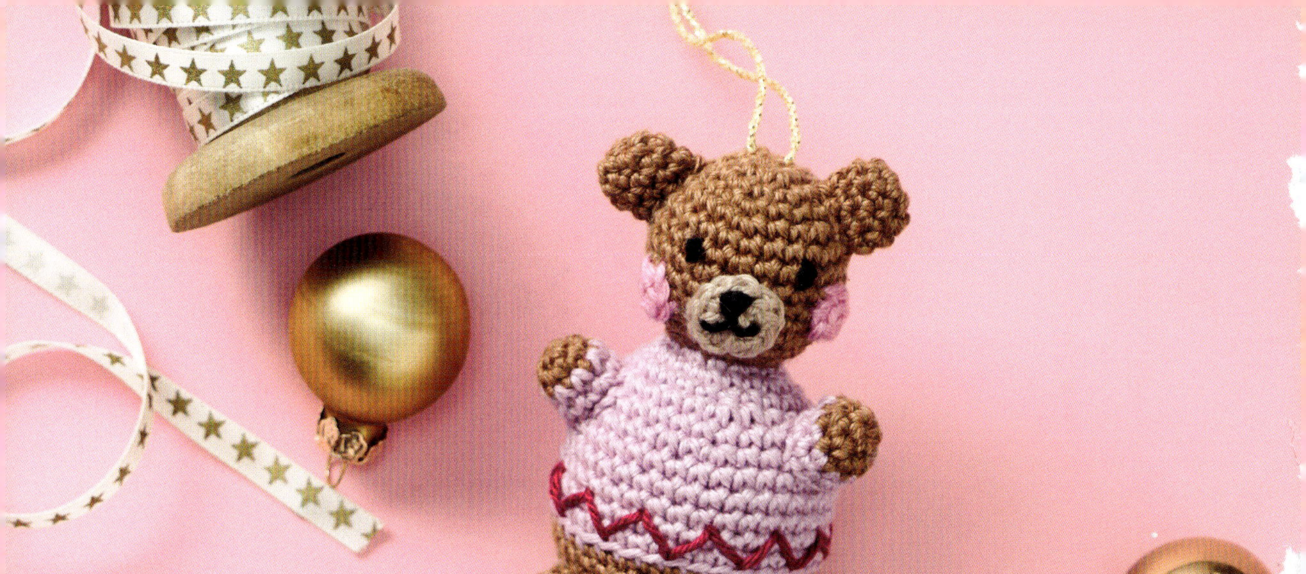

33. Rd: Immer 2 fM zusammen abmaschen (= 6 M).
Mit 1 Km schließen. Das Garn abschneiden, mit der Wollnd durch die 6 vorderen M-Glieder fädeln, zusammenziehen und vernähen.

ARM (2x)

In Deep Amber einen Magic-Ring anfertigen.
1. Rd: 6 fM in den Ring häkeln (= 6 M).
Weiter in Spiral-Rd häkeln.
2. Rd: Jede 2. fM verdoppeln (= 9 M).
3.+4. Rd (Lavendel): Jeweils 9 fM häkeln.
Mit 1 Km schließen. Das Garn 25 cm lang abschneiden und durchziehen. Den Arm mit etwas Füllwatte ausstopfen.
Den 2. Arm ebenso häkeln.

BEIN (2x)

In Deep Amber einen Magic-Ring anfertigen.
1. Rd: 5 fM häkeln (= 5 M).
Weiter in Spiral-Rd häkeln.
2. Rd: Jede fM verdoppeln (= 10 M).
3.-7. Rd: Jeweils 10 fM häkeln.
Mit 1 Km schließen. Das Garn 25 cm lang abschneiden und durchziehen. Das Bein mit etwas Füllwatte ausstopfen.
Das 2. Bein ebenso häkeln.

OHR (2x)

In Deep Amber einen Magic-Ring anfertigen.
1. Rd: 6 fM in den Ring häkeln (= 6 M).
Weiter in Spiral-Rd häkeln.
2. Rd: Jede 3. fM verdoppeln (= 8 M).
3.+4. Rd: Jeweils 8 fM häkeln.
Mit 1 Km schließen. Das Garn 25 cm lang abschneiden und durchziehen.
Das 2. Ohr ebenso häkeln.

BÄCKCHEN (2x)

In Orchidee einen Magic-Ring anfertigen.
1. Rd: 5 fM in den Ring häkeln (= 5 M).
Mit 1 Km schließen. Das Garn 25 cm lang abschneiden und durchziehen.
Das 2. Bäckchen ebenso häkeln.

SCHNAUZE

In Schlamm einen Magic-Ring anfertigen.
1. Rd: 5 fM in den Ring häkeln (= 5 M).
2. Rd: Jede fM verdoppeln (= 10 M).
Mit 1 Km schließen. Das Garn 25 cm lang abschneiden und durchziehen.

FERTIGSTELLEN

Die Ohren am Kopf, Schnauze und Bäckchen im Gesicht festnähen. Mit geteiltem Garn in Schwarz Nase, Mund und Augen aufsticken. Arme und Beine beidseitig am Körper festnähen. In Weinrot zwischen der 23. und 25. Rd ein Zick-Zack-Muster mit 3 M Abstand aufsticken. Ein 25 cm langes Stück Goldkordel in den Kopf einziehen und verknoten. Alle Fäden vernähen.

EINSIEDLERS HEILIGER ABEND

JOACHIM RINGELNATZ

Ich hab' in den Weihnachtstagen –
ich weiß auch, warum –
mir selbst einen Christbaum geschlagen,
der ist ganz verkrüppelt und krumm.
Ich bohrte ein Loch in die Diele
und steckte ihn da hinein
und stellte rings um ihn viele
Flaschen Burgunderwein.
Und zierte, um Baumschmuck und Lichter
zu sparen, ihn abends noch spät
mit Löffeln, Gabeln und Trichter
und anderem blanken Gerät.
Ich kochte zur heiligen Stunde
mir Erbsensuppe und Speck
und gab meinem fröhlichen Hunde Gulasch
und litt seinen Dreck.
Und sang aus burgundernder Kehle
das Pfannenflickerlied.
Und pries mit bewundernder Seele
alles das, was ich mied.
Es glimmte petroleumbetrunken
später der Lampendocht.
Ich saß in Gedanken versunken.
Da hat's an der Tür gepocht.
Und pochte wieder und wieder.
Es konnte das Christkind sein.
Und klang's nicht wie Weihnachtslieder?
Ich aber rief nicht: „Herein!"
Ich zog mich aus und ging leise
zu Bett, ohne Angst, ohne Spott,
und dankte auf krumme Weise
lallend dem lieben Gott.

20

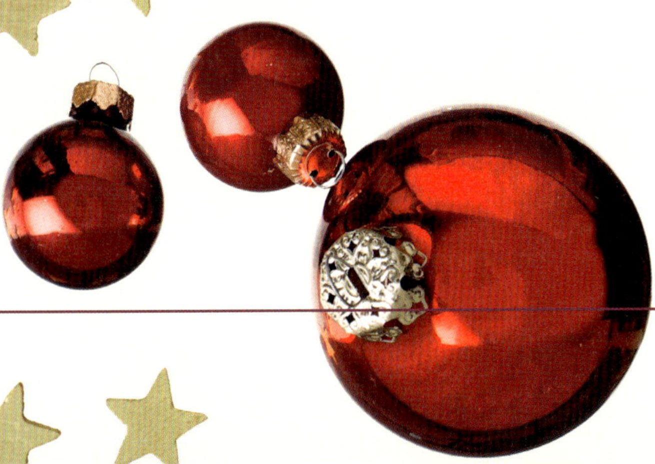

WEIHNACHTS-WICHTEL

SCHWIERIGKEIT 2

GRÖSSE
8 cm

MATERIAL

- Schachenmayr Catania (LL 125 m/50 g) in Weinrot (Fb 192), Rosé Gold (Fb 433) und Wolke (Fb 247), je 50 g, in Schwarz (Fb 110), Orchidee (Fb 222), Signalrot (Fb 115), Deep Amber (Fb 438) und Gold (Fb 249), Reste
- Häkelnadel 2,0 mm
- Füllwatte
- Wollnadel
- dünne Goldkordel, ø 1,0 mm, 25 cm

ANLEITUNG

Alle Teile werden in Spiral-Rd gehäkelt. Am Rd-Anfang am besten zwischen die 1. und letzte M einen Kontrastfaden oder M-Markierer einlegen.

KOPF, KÖRPER UND FÜSSE

In Rosé Gold einen Magic-Ring anfertigen.
1. Rd: 6 fM in den Ring häkeln (= 6 M).
Weiter in Spiral-Rd häkeln.
2. Rd: Jede fM verdoppeln (= 12 M).
3. Rd: Jede 2. fM verdoppeln (= 18 M).
4. Rd: 18 fM häkeln.
5. Rd: Jede 3. fM verdoppeln (= 24 M).
6.-10. Rd: Jeweils 24 fM häkeln.
11. Rd: Jede 3. und 4. fM zusammen abmaschen (= 18 M).
12. Rd: 18 fM häkeln.
13. Rd: Jede 2. und 3. fM zusammen abmaschen (= 12 M).
Den Kopf mit Füllwatte ausstopfen.
14. Rd (Wolke): Jede 2. fM verdoppeln (= 18 M).
15.+16. Rd: Jeweils 18 fM häkeln.
17. Rd: Jede 3. fM verdoppeln (= 24 M).
18.-20 Rd: Jeweils 24 fM häkeln.
21. Rd: Jede 4. fM verdoppeln (= 30 M).
22. Rd (Schwarz): 30 fM häkeln.
23. Rd (Wolke): 30 fM in die hinteren M-Glieder häkeln.
24. Rd: 30 fM häkeln
25. Rd: Jede 4. und 5. fM zusammen abmaschen, dabei nur in die hinteren M-Glieder häkeln (= 24 M).
26. Rd: Jede 3. und 4. fM zusammen abmaschen (= 18 M).
27. Rd (Deep Amber): Jede 3. fM verdoppeln (= 24 M).
28. Rd: 24 fM häkeln.
29. Rd: Jede 3. und 4. fM zusammen abmaschen, dabei nur in die hinteren M-Glieder häkeln (= 18 M).
30. Rd: Jede 2. und 3. fM zusammen abmaschen (= 12 M).
Weiter mit Füllwatte ausstopfen.
31. Rd: Immer 2 fM zusammen abmaschen (= 6 M).

Mit verschmitztem Lächeln treibt dieser kleine Geselle so manchen Schabernack, bei dem man ihn aber nicht sieht. In den skandinavischen Ländern gibt es viele Geschichten um die kleinen Haus- und Hofbewohner.

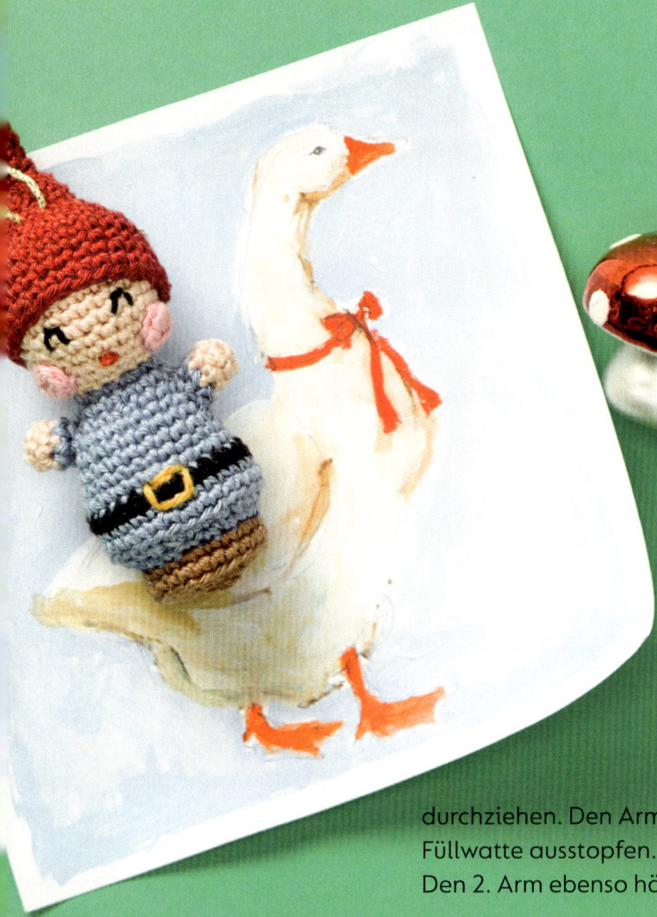

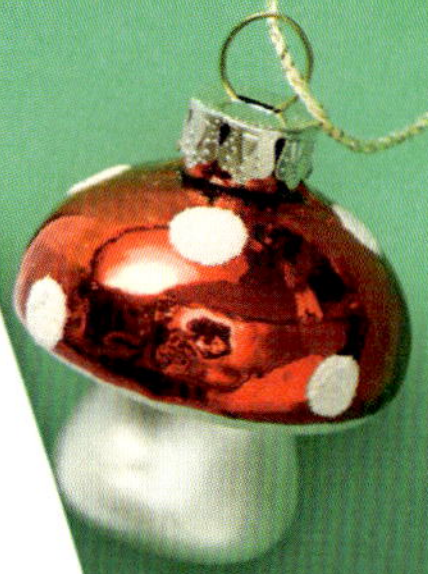

Mit 1 Km schließen. Das Garn abschneiden, mit der Wollnd durch die 6 vorderen M-Glieder fädeln, zusammenziehen und vernähen.

ARM (2x)

In Rosé Gold einen Magic-Ring anfertigen.
1. Rd: 6 fM in den Ring häkeln (= 6 M).
Weiter in Spiral-Rd häkeln.
2. Rd: 6 fM häkeln.
3. Rd (Wolke): 6 fM häkeln.
Mit 1 Km schließen. Das Garn 25 cm lang abschneiden und durchziehen. Den Arm mit etwas Füllwatte ausstopfen.
Den 2. Arm ebenso häkeln.

MÜTZE

In Weinrot einen Magic-Ring anfertigen.
1. Rd: 4 fM in den Ring häkeln (= 4 M).
Weiter in Spiral-Rd häkeln.
2.+3. Rd: Jeweils 4 fM häkeln.
4. Rd: Jede 2. fM verdoppeln (= 6 M).
5.+6. Rd: Jeweils 6 fM häkeln.
7. Rd: Jede fM verdoppeln (= 12 M).
8.+9. Rd: Jeweils 12 fM häkeln.
10. Rd: Jede 2. fM verdoppeln (= 18 M).
11. Rd: 18 fM häkeln.
12. Rd: Jede 3. fM verdoppeln (= 24 M).
13. Rd: Jede 12. fM verdoppeln (= 26 M).
14.-17. Rd: Jeweils 26 fM häkeln.
Mit 1 Km schließen. Das Garn 25 cm lang abschneiden und durchziehen.

BÄCKCHEN (2x)

In Orchidee einen Magic-Ring anfertigen.
1. Rd: 5 fM in den Ring häkeln (= 5 M).
Mit 1 Km schließen. Das Garn 25 cm lang abschneiden und durchziehen.
Das 2. Bäckchen ebenso häkeln.

FERTIGSTELLEN

Die Mütze schräg am Kopf festnähen. Die Arme am Körper, die Bäckchen im Gesicht festnähen. In Gold mittig auf den Gürtel eine Schnalle sticken. Mit geteiltem Garn in Schwarz und Signalrot Augen und Mund aufsticken. Ein 25 cm langes Stück Goldkordel in die Mütze einziehen und verknoten. Alle Fäden vernähen.

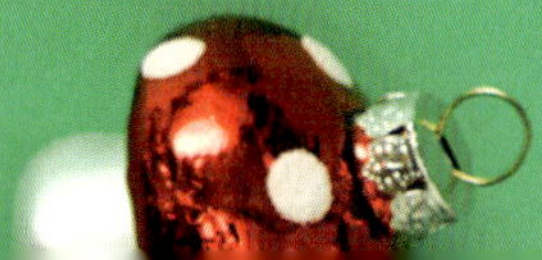

AM WEIHNACHTSBAUME DIE LICHTER BRENNEN

HERMANN KLETKE

Am Weihnachtsbaum die Lichter brennen,
wie glänzt er festlich, lieb und mild,
als spräch' er: Wollt in mir erkennen
getreuer Hoffnung stilles Bild.

Die Kinder stehn mit hellen Blicken,
das Auge lacht, es lacht das Herz;
O fröhlich', seliges Entzücken!
Die Alten schauen himmelwärts.

Zwei Engel sind hereingetreten,
kein Auge hat sie kommen sehn,
sie gehn zum Weihnachtstisch und beten,
und wenden wieder sich und gehn:

„Gesegnet seid ihr alten Leute,
gesegnet sei du kleine Schar!
Wir bringen Gottes Segen heute
dem braunen, wie dem weißen Haar.

Zu guten Menschen, die sich lieben,
schickt uns der Herr als Boten aus,
und seid ihr treu und fromm geblieben,
wir treten wieder in dies Haus!" –

Kein Ohr hat ihren Spruch vernommen,
unsichtbar jedes Menschen Blick,
sind sie gegangen, wie gekommen,
doch Gottes Segen blieb zurück!

21

SÜSSE ZUCKERSTANGE

SCHWIERIGKEIT 1

GRÖSSE
11 cm

MATERIAL

- Schachenmayr Catania (LL 125 m/50 g) in Signalrot (Fb 115) und Weiß (Fb 106), Reste
- Häkelnadel 2,0 mm
- Chenilledraht
- Wollnadel
- dünne Goldkordel, ø 1,0 mm, 25 cm

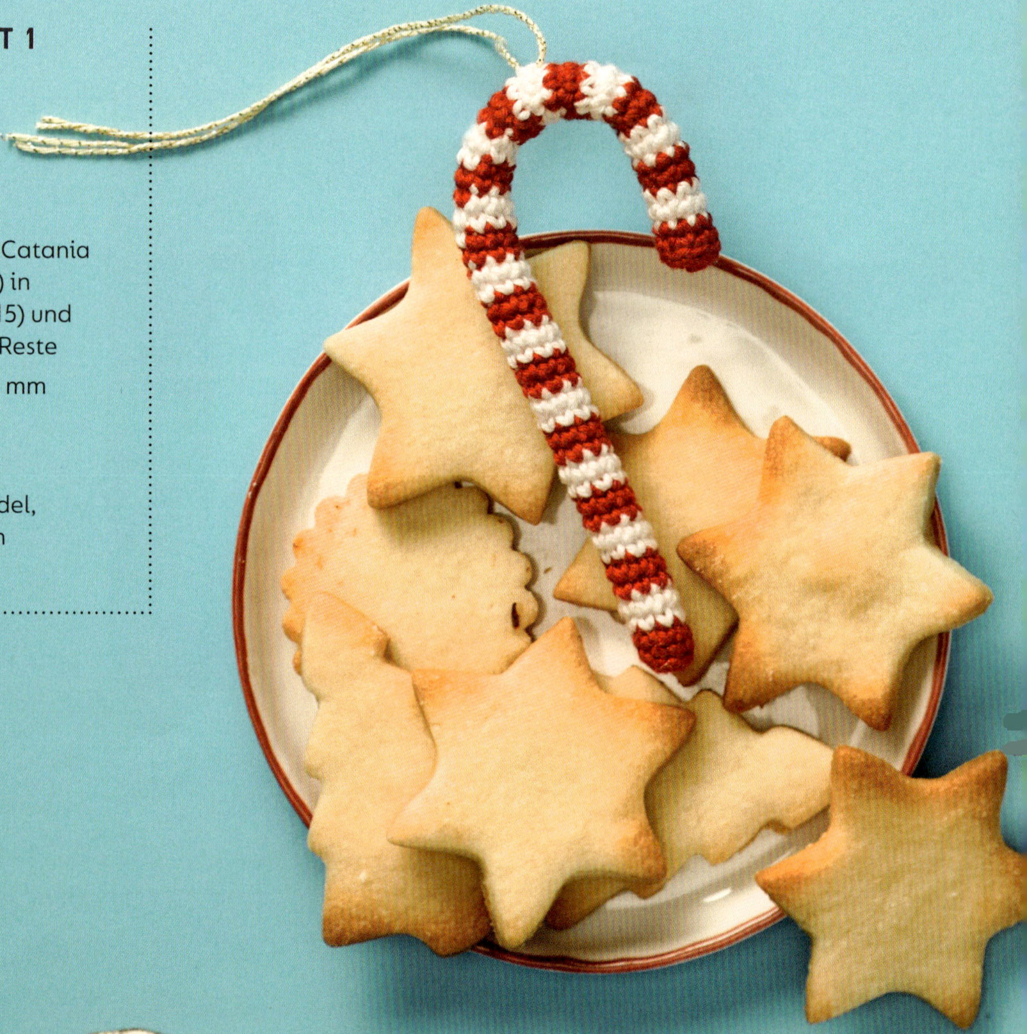

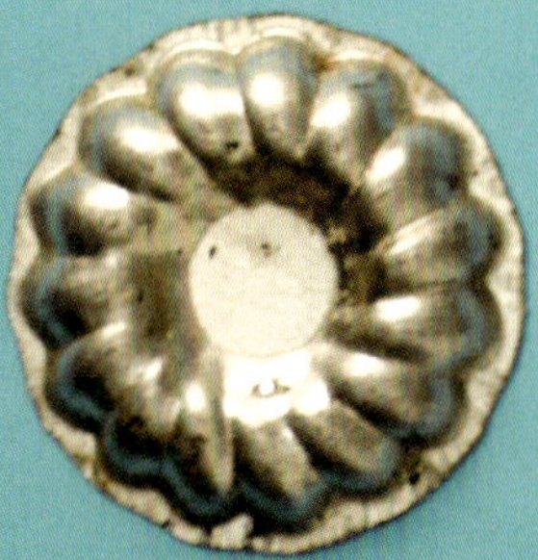

ANLEITUNG

Die Stange wird in Spiral-Rd gehäkelt. Am Rd-Anfang am besten zwischen die 1. und letzte M einen Kontrastfaden oder M-Markierer einlegen.

STANGE

In Signalrot einen Magic-Ring anfertigen.

1. Rd: 8 fM in den Ring häkeln (= 8 M).

Weiter in Spiral-Rd häkeln.

2. Rd: 8 fM in die hinteren M-Glieder häkeln.

3. Rd: 8 fM häkeln.

4.+5. Rd (Weiß): Jeweils 8 fM häkeln.

6.+7. Rd (Signalrot): Jeweils 8 fM häkeln.

8.-51. Rd: Die 4.-7. Rd noch 11x wdh.

Mit 1 Km schließen. Den Chenilledraht in der Mitte knicken, auf 11 cm kürzen und in die Zuckerstange schieben. Das Garn abschneiden, mit der Wollnd durch die 8 vorderen M-Glieder fädeln, zusammenziehen und vernähen.

Mmh, lecker! Zuckersüß ist diese rot-weiß gedrehte Leckerei und schmeckt meist nach Pfefferminze. Deko und Leckerei zugleich erinnern sie mit ihrer Form an einen Hirtenstab. Rot-weiße Zuckerstangen sind in den USA besonders beliebt.

FERTIGSTELLEN

Die Zuckerstange in Form biegen. Ein 25 cm langes Stück Goldkordel in die Rundung einziehen und verknoten. Alle Fäden vernähen.

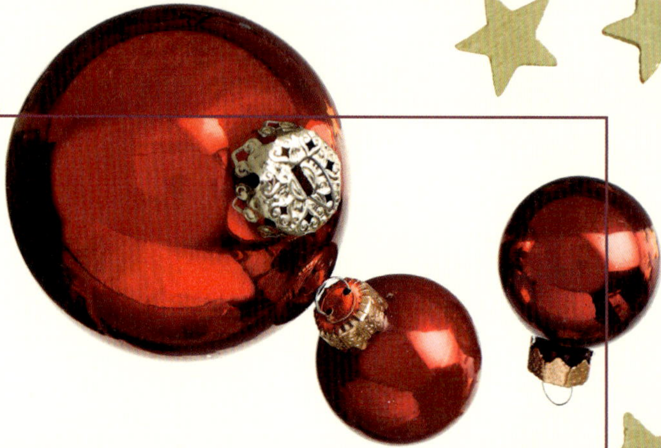

VOR DEM CHRISTBAUM

FRIEDRICH WILHELM GÜLL

Da guck einmal, was gestern Nacht
Christkindlein alles mir gebracht:

ein Räppchen,
ein Wägelein;
ein Käppchen
und ein Krägelein;
ein Jütchen
und ein Rütchen;
ein Büchlein
voller Sprüchlein;
das Jütchen, wenn ich fleißig lern,
ein Rütchen, tät ich es nicht gern,
und nun erst gar den Weihnachtsbaum,
ein schönrer steht im Walde kaum.

Ja, schau nur her und schau nur hin
und schau, wie ich so glücklich bin!

22

RÄUCHER-MÄNNCHEN

SCHWIERIGKEIT 2

GRÖSSE
10 cm

MATERIAL
- Schachenmayr Catania (LL 125 m/50 g) in Tannenbaum (Fb 419), Rosé Gold (Fb 433) und Lavendel (Fb 422), je 50 g, in Schwarz (Fb 110), Anthrazit (Fb 429), Weiß (Fb 106), Orchidee (Fb 222), Weinrot (Fb 192) und Signalrot (Fb 115), Reste
- Häkelnadel 2,0 mm
- Füllwatte
- Wollnadel
- dünne Goldkordel, ø 1,0 mm, 25 cm

ANLEITUNG
Alle Teile mit Ausnahme des Bartes werden in Spiral-Rd gehäkelt. Am Rd-Anfang am besten zwischen die 1. und letzte M einen Kontrastfaden oder M-Markierer einlegen.

HUT, KOPF, KÖRPER UND FÜSSE
In Tannenbaum einen Magic-Ring anfertigen.

1. Rd: 6 fM in den Ring häkeln (= 6 M).

Weiter in Spiral-Rd häkeln.

2. Rd: Jede 2. fM verdoppeln, dabei nur die hinteren M-Glieder häkeln (= 9 M).

3.+4. Rd: Jeweils 9 fM häkeln.

5. Rd: Jede 3. fM verdoppeln (= 12 M).

6.-8 Rd: Jeweils 12 fM häkeln.

9. Rd: Jede 2. fM verdoppeln (= 18 M).

10. Rd (Weinrot): 18 fM häkeln.

11. Rd (Rosé Gold): 18 fM in die hinteren M-Glieder häkeln.

12. Rd: Jede 3. fM verdoppeln (= 24 M).

13.-17. Rd: Jeweils 24 fM häkeln.

18. Rd: Jede 2. und 3. fM zusammen abmaschen (= 18 M).

19. Rd: 18 fM häkeln.

Fortlaufend mit Füllwatte ausstopfen.

20. Rd: Jede 2. und 3. fM zusammen abmaschen (= 12 M).

21. Rd (Lavendel): Jede 2. fM verdoppeln (= 18 M).

22. Rd: 18 fM häkeln.

23. Rd: Jede 3. fM verdoppeln (= 24 M).

24.-26. Rd: Jeweils 24 fM häkeln.

Wer qualmt da so vor sich hin? Ganz ohne Rauch hängt dieser kleine Mann im Baum und verbreitet Weihnachtsflair. Er erinnert an die schönen Figuren aus dem Erzgebirge, die für viele zum Weihnachtsfest dazugehören und weckt viele Erinnerungen.

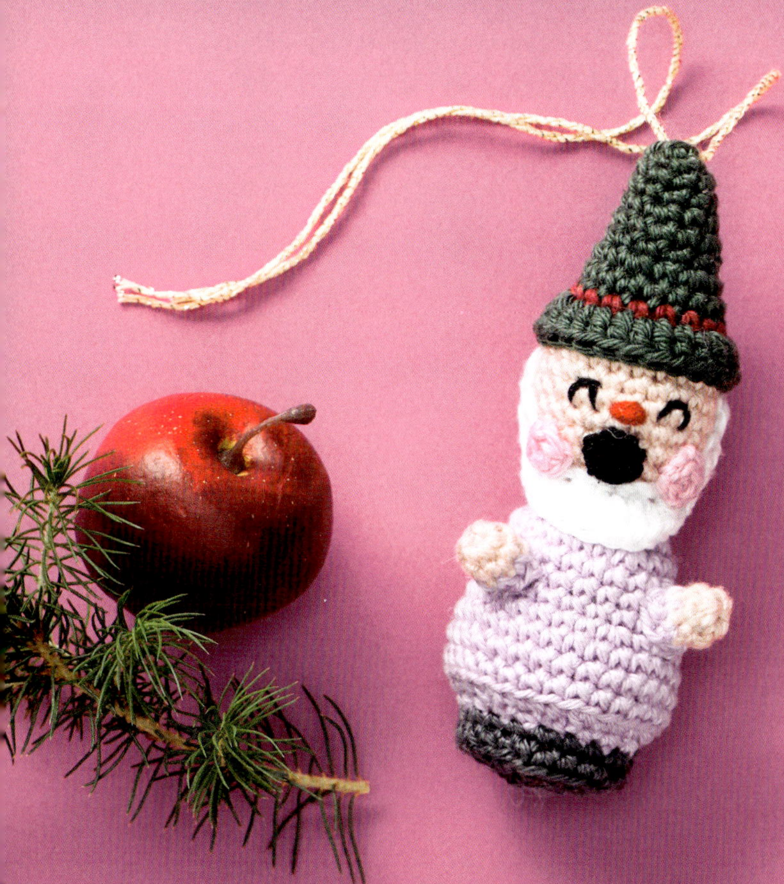

27. Rd: Jede 4. fM verdoppeln (= 30 M).
28.-30. Rd: Jeweils 30 fM häkeln.
31. Rd: Jede 4. und 5. fM zusammen abmaschen, dabei nur die hinteren M-Glieder häkeln (= 24 M).
32. Rd: Jede 3. und 4. fM zusammen abmaschen (= 18 M).
33. Rd (Anthrazit): Jede 3. fM verdoppeln (= 24 M).
34. Rd: 24 fM häkeln.
35. Rd: Jede 3. und 4. fM zusammen abmaschen, dabei nur die hintern M-Glieder häkeln (= 18 M).
36. Rd: Jede 2. und 3. fM zusammen abmaschen (= 12 M).
Weiter mit Füllwatte ausstopfen.
37. Rd: Immer 2 fM zusammen abmaschen (= 6 M).
Mit 1 Km schließen. Das Garn abschneiden, mit der Wollnd durch die 6 vorderen M-Glieder fädeln, zusammenziehen und vernähen.

Für die Hutkrempe in Tannenbaum in einem vorderen M-Glied der 10. Rd anschlingen. In die vorderen M-Glieder wie folgt häkeln: 2 Steige-Lm und 1 Stb in dieselbe M arb, weiter fortlaufend 2 Stb in 1 M häkeln. Mit 1 Km schließen. Das Garn 25 cm lang abschneiden und durchziehen.

ARM (2x)

In Rosé Gold einen Magic-Ring anfertigen.
1. Rd: 6 fM in den Ring häkeln (= 6 M).
Weiter in Spiral-Rd häkeln.
2. Rd: 6 fM häkeln.
3. Rd (Lavendel): 6 fM häkeln.
Mit 1 Km schließen. Das Garn 25 cm lang abschneiden und durchziehen. Den Arm mit etwas Füllwatte ausstopfen.
Den 2. Arm ebenso häkeln.

BÄCKCHEN (2x)

In Orchidee einen Magic-Ring anfertigen.
1. Rd: 5 fM in den Ring häkeln (= 5 M).
Mit 1 Km schließen. Das Garn 25 cm lang abschneiden und durchziehen.
Das 2. Bäckchen ebenso häkeln.

MUND

In Schwarz einen Magic-Ring anfertigen.
1. Rd: 5 fM in den Ring häkeln (= 5 M).
Mit 1 Km schließen. Das Garn 25 cm lang abschneiden und durchziehen.

BART

In Weiß 16 Lm anschl. Ab der 2. Lm von der Nd aus 2 Km, 2 fM, 1 hStb, 2 Stb in 1 M, 1 Stb, 2 Stb in 1 M, 1 Stb, 2 Stb in 1 M, 1 hStb, 2 fM, 2 Km häkeln. Garn 25 cm lang abschneiden und durchziehen.

FERTIGSTELLEN

Den Bart so im Gesicht festnähen, dass er unter der Hutkrempe beginnt und endet. Mit geteiltem Garn in Schwarz Augen und in Signalrot eine Nase aufsticken. Dann Mund und Bäckchen annähen. Die Arme am Körper festnähen. Ein 25 cm langes Stück Goldkordel mittig in die Hutspitze einziehen und verknoten.

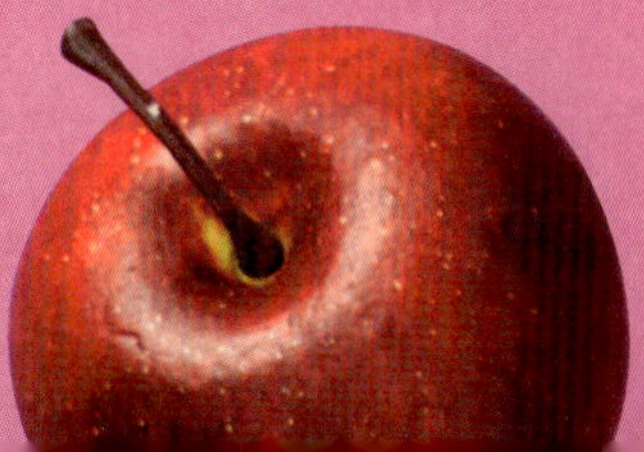

DER CHRISTBAUM IST DER SCHÖNSTE BAUM

JOHANNES CARL

Der Christbaum ist der schönste Baum,
den wir auf Erden kennen.
Im Garten klein, im engsten Raum,
wie lieblich blüht der Wunderbaum,
wenn seine Lichter brennen, ja brennen.

Denn sieh, in dieser Wundernacht
ist einst der Herr geboren,
der Heiland, der uns selig macht.
Hätt' er den Himmel nicht gebracht,
wär' alle Welt verloren, verloren.

Doch nun ist Freud' und Seligkeit,
ist jede Nacht voll Kerzen.
Auch dir, mein Kind, ist das bereit't,
dein Jesus schenkt dir alles heut',
gern wohnt er dir im Herzen, im Herzen.

O lass ihn ein, es ist kein Traum,
er wählt dein Herz zum Garten,
will pflanzen in den engen Raum
den allerschönsten Wunderbaum
und seiner treulich warten, ja warten.

23

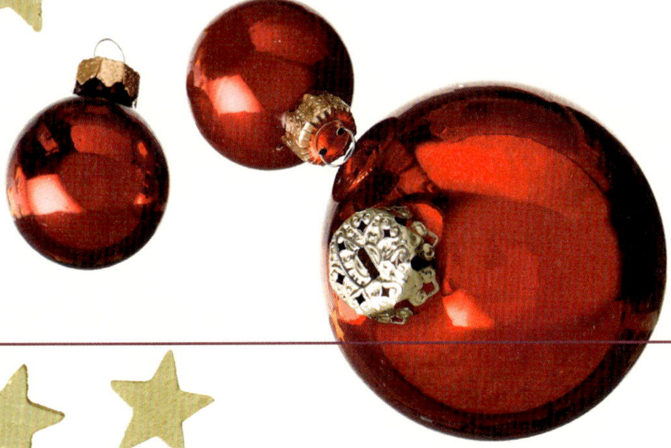

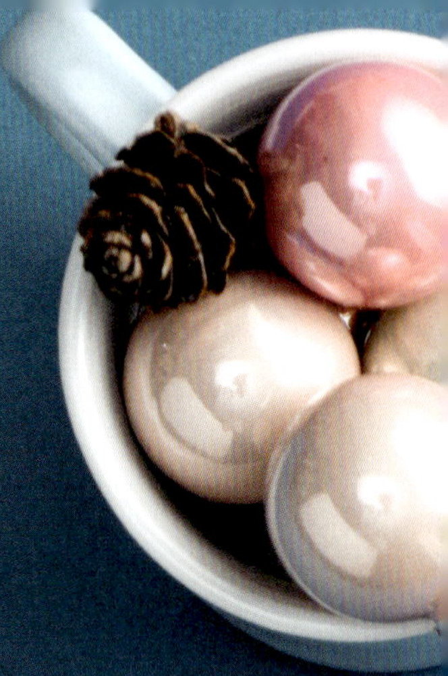

SCHLAFMÜTZIGE EULE

SCHWIERIGKEIT 2

GRÖSSE
9 cm

MATERIAL

- Schachenmayr Catania (LL 125 m/50 g) in Deep Amber (Fb 438) und Schlamm (Fb 406), je 50 g, in Schwarz (Fb 110), Anthrazit (Fb 429), Natur (Fb 105) und Gold (Fb 249), Reste
- Häkelnadel 2,0 mm
- Füllwatte
- Wollnadel
- dünne Goldkordel, ø 1,0 mm, 25 cm

ANLEITUNG

Alle Teile mit Ausnahme der Flügel, der Ohren und des Schnabels werden in Spiral-Rd gehäkelt. Am Rd-Anfang am besten zwischen die 1. und letzte M einen Kontrastfaden oder M-Markierer einlegen.

KOPF, KÖRPER UND FÜSSE

In Deep Amber einen Magic-Ring anfertigen.

1. Rd: 6 fM in den Ring häkeln (= 6 M).

Weiter in Spiral-Rd häkeln.

2. Rd: Jede fM verdoppeln (= 12 M).

3. Rd: Jede 2. fM verdoppeln (= 18 M).

4. Rd: 18 fM häkeln.

5. Rd: Jede 3. fM verdoppeln (= 24 M).

6.-12. Rd: Jeweils 24 fM häkeln.

13. Rd: Jede 3. und 4. fM zusammen abmaschen (= 18 M).

Den Kopf mit Füllwatte ausstopfen.

14. Rd (Schlamm): Jede 3. fM verdoppeln (= 24 M).

15. Rd: 24 fM häkeln.

16. Rd: Jede 4. fM verdoppeln (= 30 M).

17.-24. Rd: Jeweils 30 fM häkeln.

25. Rd: Jede 4. und 5. fM zusammen abmaschen (= 24 M).

26.-28. Rd: Jeweils 24 fM häkeln.

29. Rd: Jede 3. und 4. fM zusammen abmaschen (= 18 M).

30. Rd: Jede 2. und 3. fM zusammen abmaschen (= 12 M).

31. Rd (Gold): Jede 2. fM verdoppeln (= 18 M).

32. Rd: 18 fM häkeln.

33. Rd: Jede 2. und 3. fM zusammen abmaschen, dabei nur die hinteren M-Glieder häkeln (= 12 M).

Weiter mit Füllwatte ausstopfen.

34. Rd: Immer 2 fM zusammen abmaschen (= 6 M).

Mit 1 Km schließen. Das Garn abschneiden, mit der Wollnd durch die 6 vorderen M-Glieder fädeln, zusammenziehen und vernähen.

Noch einmal schlafen und dann ist endlich Weihnachten! Die kleine Eule macht es vor und schläft einfach bis Weihnachten durch. So bekommt sie von den letzten Vorbereitungen nichts mit und freut sich besonders, wenn sie dann im Tannenbaum erwacht.

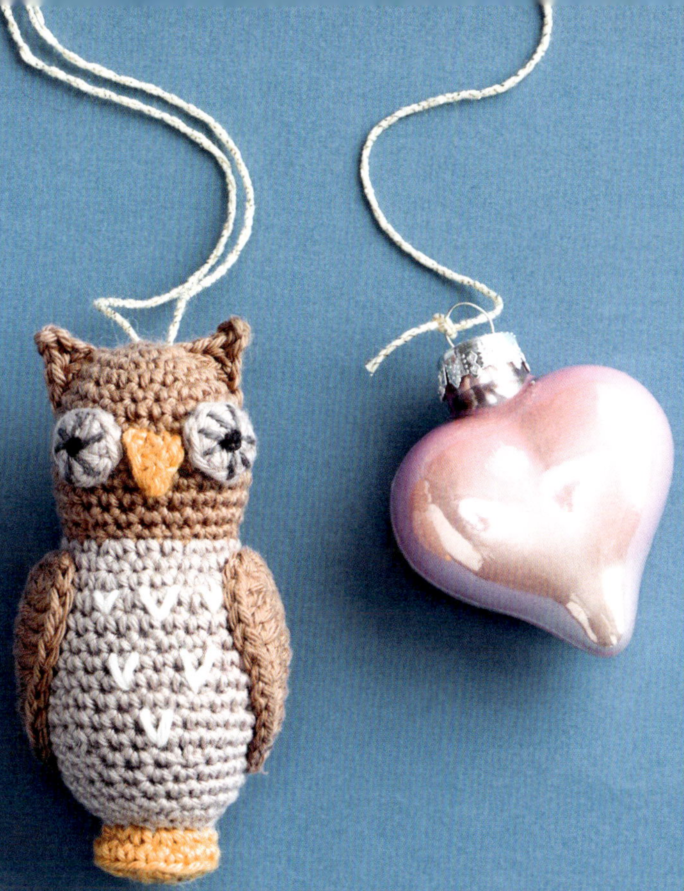

FERTIGSTELLEN

Auf die Augen in Anthrazit von der Mitte ausgehend 6 lange Stiche zum äußeren Rand hin sticken und in Schwarz eine Pupille sticken. Ohren, Augen und Schnabel am Kopf festnähen. Die Flügel am Körper annähen. In Natur 6 V-förmige Stiche auf Brust und Bauch sticken. Ein 25 cm langes Stück Goldkordel mittig in den Kopf einziehen und verknoten.

AUGE (2x)

In Schlamm einen Magic-Ring anfertigen.
1. Rd: 2 Lm (= 1 Stb), 7 Stb in den Ring häkeln.
Mit 1 Km schließen. Das Garn 25 cm lang abschneiden und durchziehen.
Das 2. Auge ebenso häkeln.

FLÜGEL (2x)

In Deep Amber 11 Lm anschl. Ab der 2. Lm von der Nd aus 1 Km, 1 fM, 3 hStb, 4 Stb, 5 Stb in 1 M.
Weiter die Rückseite der Lm-Kette behäkeln: 4 Stb, 3 hStb, 1 fM, 1 Km.
Garn 25 cm lang abschneiden und durchziehen.
Den 2. Flügel ebenso häkeln.

OHR (2x)

In Deep Amber 4 Lm anschl. Ab der 2. Lm von der Nd aus 1 Km, 1 fM, 1 Stb häkeln.
Garn 25 cm lang abschneiden und durchziehen.
Das 2. Ohr ebenso häkeln.

SCHNABEL

In Gold 4 Lm anschl. Ab der 2. Lm von der Nd aus 1 Km, 1 fM, 1 Stb häkeln.
Garn 25 cm lang abschneiden und durchziehen.

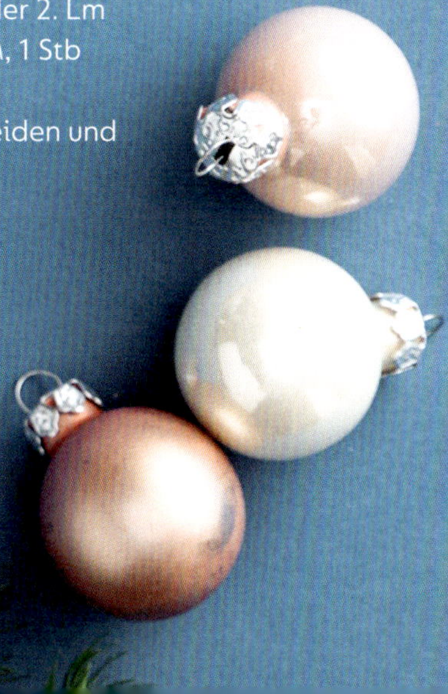

KNECHT RUPRECHT

THEODOR STORM

Von drauß' vom Walde komm ich her;
ich muss euch sagen, es weihnachtet sehr!
Überall auf den Tannenspitzen
sah ich goldene Lichtlein sitzen;
Und droben aus dem Himmelstor
sah mit großen Augen das Christkind hervor;
Und wie ich so strolcht' durch den finstern Tann,
da rief's mich mit heller Stimme an:
„Knecht Ruprecht", rief es, „alter Gesell,
hebe die Beine und spute dich schnell!
Die Kerzen fangen zu brennen an,
das Himmelstor ist aufgetan,
Alt' und Junge sollen nun
von der Jagd des Lebens einmal ruhn;
Und morgen flieg ich hinab zur Erden,
denn es soll wieder Weihnachten werden!"
Ich sprach: „O lieber Herre Christ,
meine Reise fast zu Ende ist;
Ich soll nur noch in diese Stadt,
wo's eitel gute Kinder hat."
„Hast denn das Säcklein auch bei dir?"
Ich sprach: „Das Säcklein, das ist hier:
Denn Äpfel, Nuss und Mandelkern
essen fromme Kinder gern."
„Hast denn die Rute auch bei dir?"
Ich sprach: „Die Rute, die ist hier;
Doch für die Kinder nur, die schlechten,
die trifft sie auf den Teil, den rechten."
Christkindlein sprach:" So ist es recht;
So geh mit Gott, mein treuer Knecht!"
Von drauß' vom Walde komm ich her;
ich muss euch sagen, es weihnachtet sehr!
Nun sprecht, wie ich's hier innen find!
Sind's gute Kind, sind's böse Kind?

24

FRÖHLICHER WEIHNACHTSMANN

SCHWIERIGKEIT 2

GRÖSSE
10 cm

MATERIAL
- Schachenmayr Catania (LL 125 m/50 g) in Signalrot (Fb 115), 50 g, in Weiß (Fb 106), Rosé Gold (Fb 433), Orchidee (Fb 222) und Wolke (Fb 247), Reste
- Häkelnadel 2,0 mm
- Füllwatte
- Wollnadel
- dünne Goldkordel, ø 1,0 mm, 25 cm

ANLEITUNG

Alle Teile werden in Spiral-Rd gehäkelt. Am Rd-Anfang am besten zwischen die 1. und letzte M einen Kontrastfaden oder M-Markierer einlegen.

KOPF UND KÖRPER

In Rosé Gold einen Magic-Ring anfertigen.
1. Rd: 6 fM in den Ring häkeln (= 6 M).
Weiter in Spiral-Rd häkeln.
2. Rd: Jede fM verdoppeln (= 12 M).
3. Rd: Jede 2. fM verdoppeln (= 18 M).
4. Rd: 18 fM häkeln.
5. Rd: Jede 3. fM verdoppeln (= 24 M).
6.-10. Rd: Jeweils 24 fM häkeln.
11. Rd: Jede 3. und 4. fM zusammen abmaschen (= 18 M).
12. Rd: 18 fM häkeln.
13. Rd: Jede 2. und 3. fM zusammen abmaschen (= 12 M).
Den Kopf mit Füllwatte ausstopfen.
14. Rd (Signalrot): Jede 2. fM verdoppeln (= 18 M).
15. Rd: Jede 3. fM verdoppeln (= 24 M).
16. Rd: 24 fM häkeln.
17. Rd: Jede 4. fM verdoppeln (= 30 M).
18. Rd: 30 fM häkeln.
19. Rd: Jede 5. fM verdoppeln (= 36 M).
20.-26. Rd: Jeweils 36 fM häkeln.
27. Rd: Jede 5. und 6. fM zusammen abmaschen (= 30 M).
28. Rd: 30 fM häkeln.
29. Rd: Jede 4. und 5. fM zusammen abmaschen (= 24 M).
30. Rd: 24 fM häkeln.
31. Rd: Jede 3. und 4. fM zusammen abmaschen (= 18 M).
32. Rd: Jede 2. und 3. fM zusammen abmaschen (= 12 M).
Den Körper fest mit Füllwatte ausstopfen.
33. Rd: Immer 2 fM zusammen abmaschen (= 6 M).
Mit 1 Km schließen. Das Garn abschneiden, mit der Wollnd durch die 6 vorderen M-Glieder fädeln, zusammenziehen und vernähen.

Ho, ho, ho! Nun ist es endlich soweit und es ist Weihnachten. Der kleine Weihnachtsmann passt auf, dass sein großer Cousin die Geschenke auch richtig verteilt und wünscht allen ein frohes und besinnliches Weihnachtsfest.

ARM (2x)

In Signalrot einen Magic-Ring anfertigen.

1. Rd: 6 fM in den Ring häkeln (= 6 M).

Weiter in Spiral-Rd häkeln.

2. Rd: Jede 2. fM verdoppeln (= 9 M).

3. Rd: 9 fM häkeln.

4. Rd: Jede 2. und 3. fM zusammen abmaschen (= 6 M).

Mit 1 Km schließen. Das Garn 25 cm lang abschneiden und durchziehen. Den Arm mit etwas Füllwatte ausstopfen.

Den 2. Arm ebenso häkeln.

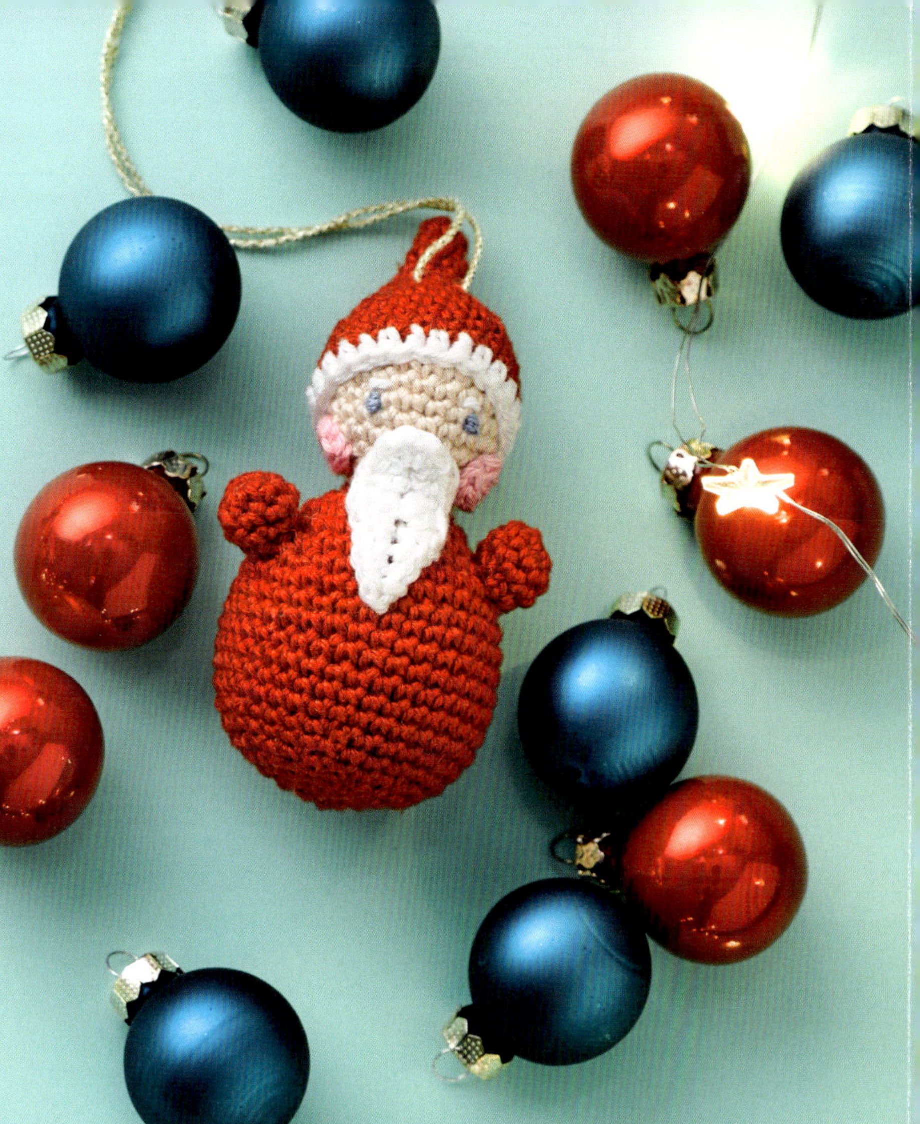

MÜTZE

In Signalrot einen Magic-Ring anfertigen.

1. Rd: 4 fM in den Ring häkeln (= 4 M).

Weiter in Spiral-Rd häkeln.

2. Rd: 4 fM häkeln.

3 Rd: Jede 2. fM verdoppeln (= 6 M).

4. Rd: 6 fM häkeln.

5. Rd: Jede 2. fM verdoppeln (= 9 M).

6. Rd: 9 fM häkeln.

7. Rd: Jede 3. fM verdoppeln (= 12 M).

8. Rd: Jede 2. fM verdoppeln (= 18 M).

9. Rd: 18 fM häkeln.

10. Rd: Jede 3. fM verdoppeln (= 24 M).

11. Rd: Jede 12. fM verdoppeln (= 26 M).

12.-14. Rd: Jeweils 26 fM häkeln.

15. Rd (Weiß): 2 Lm (= 1 hStb), 25 hStb häkeln.

Mit 1 Km schließen. Das Garn 25 cm lang abschneiden und durchziehen.

BÄCKCHEN (2x)

In Orchidee einen Magic-Ring anfertigen.

1. Rd: 5 fM in den Ring häkeln (= 5 M).

1 Km schließen. Das Garn 25 cm lang abschneiden und durchziehen.

Das 2. Bäckchen ebenso häkeln.

BART

In Weiß 9 Lm anschl.

Ab der 2. Lm von der Nd aus 1 Km, 2 fM, 2 hStb, 2 Stb, 5 Stb in 1 M.

Weiter die Rückseite der Lm-Kette behäkeln: 2 Stb, 2 hStb, 2 fM, 1 Km. Das Garn 25 cm lang abschneiden und durchziehen.

FERTIGSTELLEN

Die Mütze schräg am Kopf festnähen. Beidseitig die Arme am Körper festnähen. Den Bart an Kopf und Körper und die Bäckchen im Gesicht festnähen. Mit geteiltem Garn in Wolke die Augen, und darüber in Weiß die Augenbrauen aufsticken. Ein 25 cm langes Stück Goldkordel in die Mütze einziehen und verknoten. Alle Fäden vernähen.

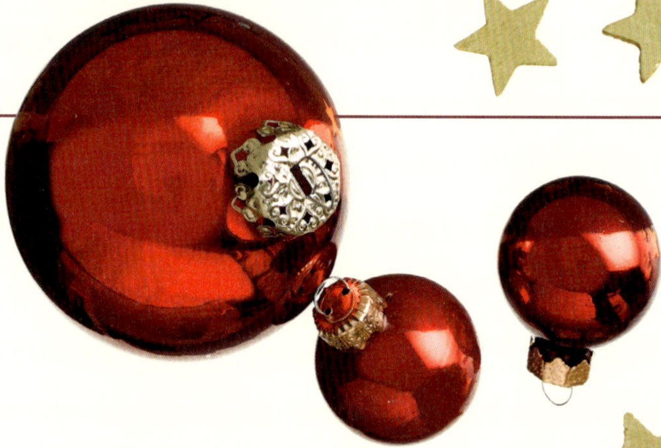

WEIHNACHTSLIED

THEODOR STORM

Vom Himmel in die tiefsten Klüfte
ein milder Stern herniederlacht;
vom Tannenwalde steigen Düfte
und hauchen durch die Winterlüfte,
und kerzenhelle wird die Nacht.

Mir ist das Herz so froh erschrocken,
das ist die liebe Weihnachtszeit!
Ich höre fernher Kirchenglocken
mich lieblich heimatlich verlocken
in märchenstille Herrlichkeit.

Ein frommer Zauber hält mich wieder,
anbetend, staunend muss ich stehn;
es sinkt auf meine Augenlider
ein goldner Kindertraum hernieder,
ich fühl´s ein Wunder ist geschehn.

GRUND LAGEN

MAGIC-RING

1 Den Faden von rechts einmal um den Zeigefinger und weiter einmal um den Daumen der linken Hand wickeln. Zwischen Daumen und Zeigefinger ist der Faden gespannt.

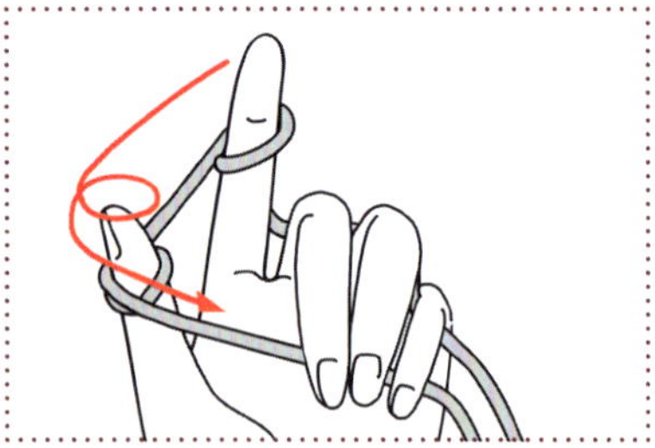

2 Mit der Häkelnadel unter den Faden am Daumen stechen und den Faden, der zum Zeigefinger führt, als Schlaufe durchziehen.

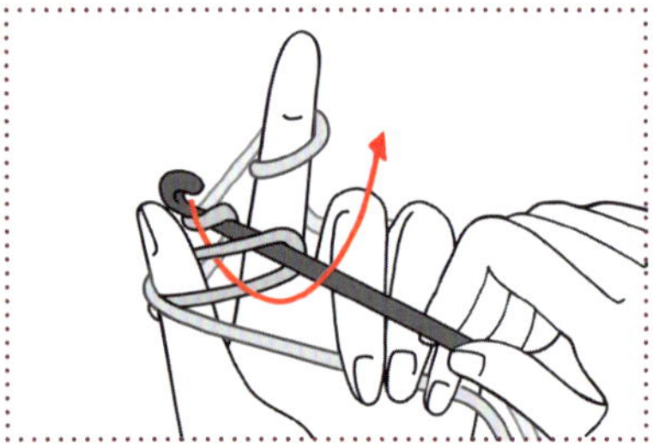

3 Aus der Schlaufe 1 Luftmasche häkeln.

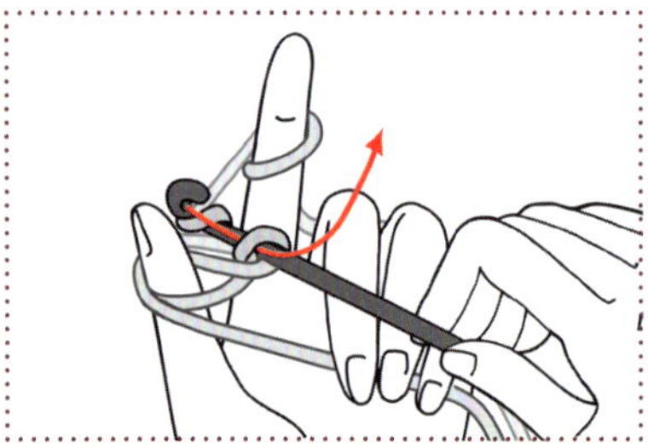

4 Um feste Maschen in den Fadenring zu häkeln, den Faden erneut als Schlaufe durchziehen …

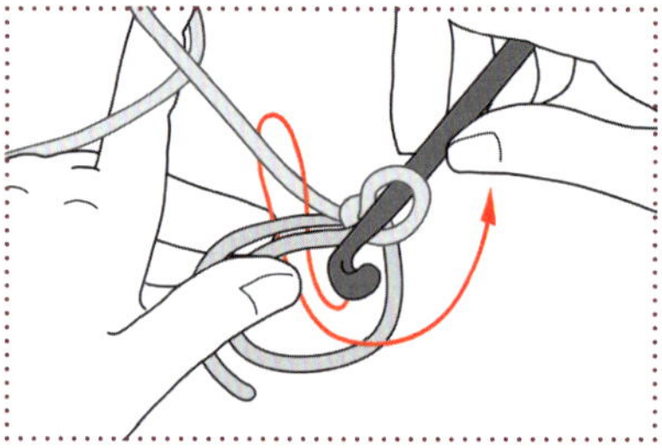

5 … und aus beiden Schlaufen 1 feste Masche häkeln. Werden Stäbchen in den Ring gehäkelt, aus der Schlaufe 3 Luftmaschen häkeln und anschließend die benötigte Anzahl der Stäbchen in den Ring arbeiten.

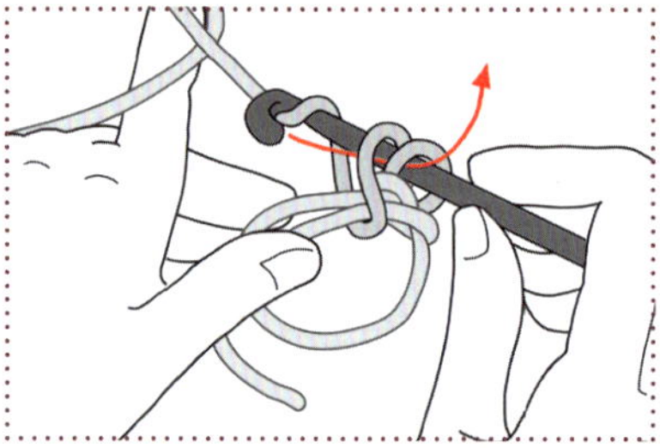

6 Ist die benötigte Anzahl an Maschen gehäkelt, am losen Faden ziehen, um den Ring zusammenzuziehen. Den Fadenring mit 1 Kettmasche schließen.

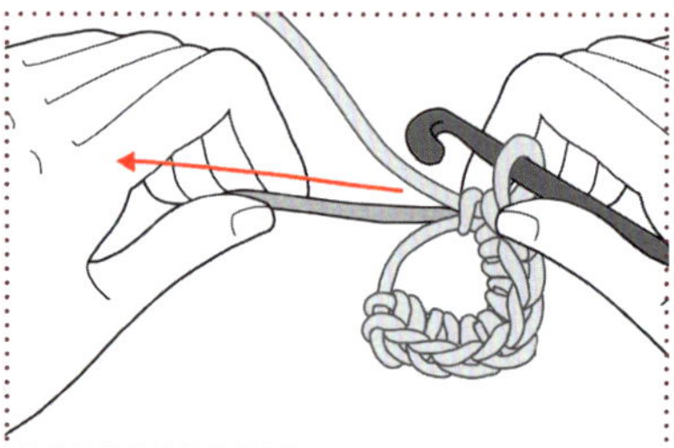

KETTMASCHEN

Die Nadel in die folgende Masche stechen und das Garn um die Nadel legen. Dann das Garn durch beide Umschläge auf der Nadel ziehen.

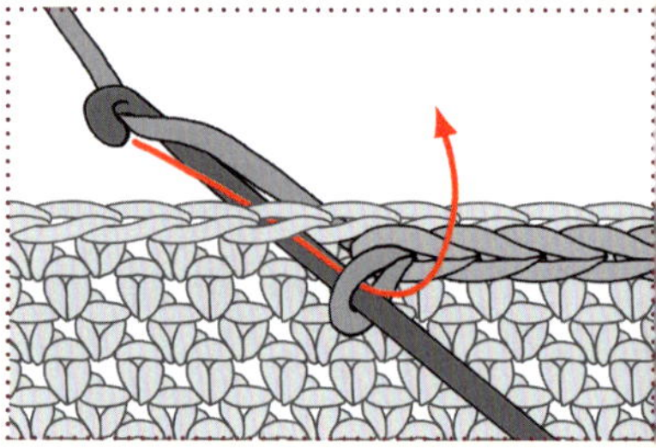

FESTE MASCHEN

1 Mit der Häkelnadel in die 2. Luftmasche von der Nadel aus einstechen, den Faden von hinten nach vorne mit der Nadel erfassen …

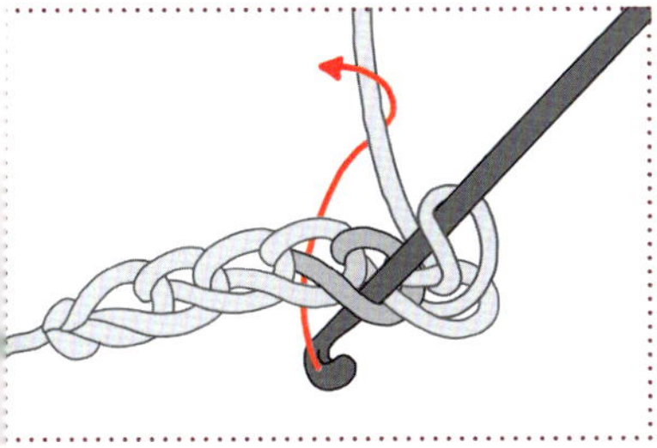

2 … und durch die Luftmasche ziehen. Jetzt liegen 2 Schlingen auf der Nadel.

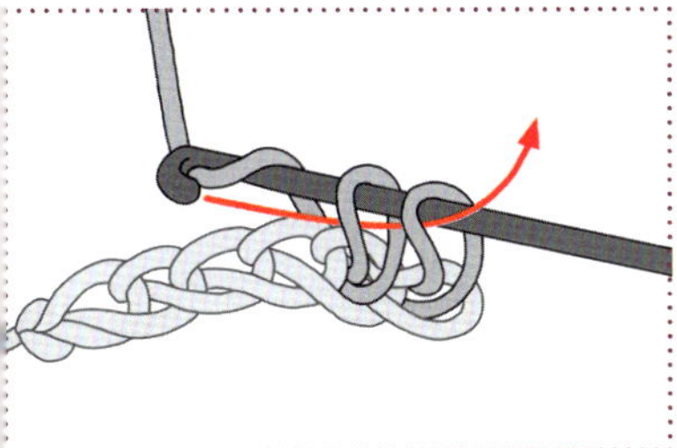

3 Noch einmal den Faden von hinten nach vorne und durch beide Schlingen ziehen. Dann in die nächste Luftmasche einstechen und die Schritte wiederholen.

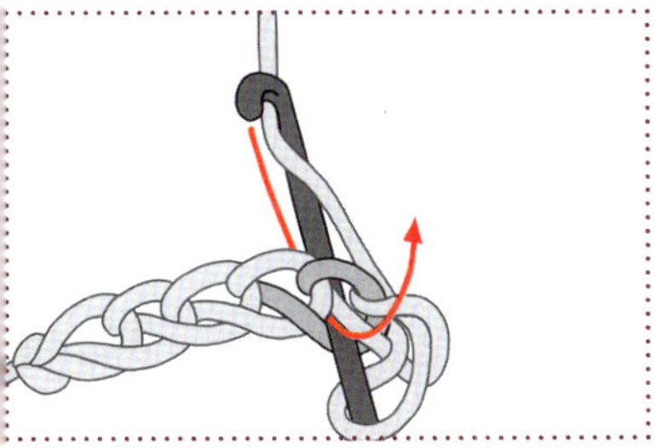

HALBE STÄBCHEN

1 Für ein halbes Stäbchen zunächst den Faden einmal um die Nadel schlingen, dann in die nächste Masche einstechen und den Faden durchholen.

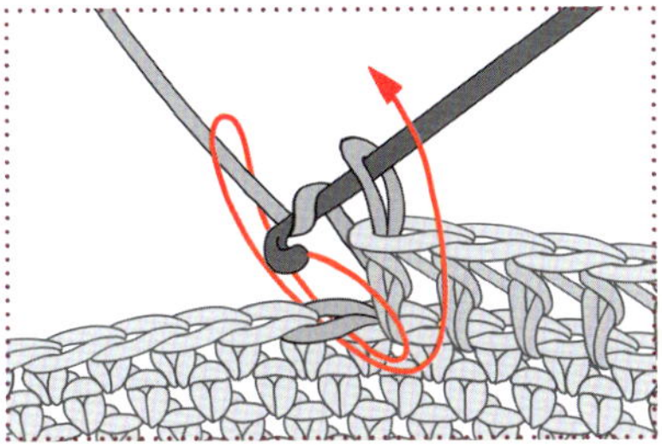

2 Es liegen nun 3 Schlingen auf der Nadel. Den Faden erneut holen und durch alle 3 Schlingen ziehen.

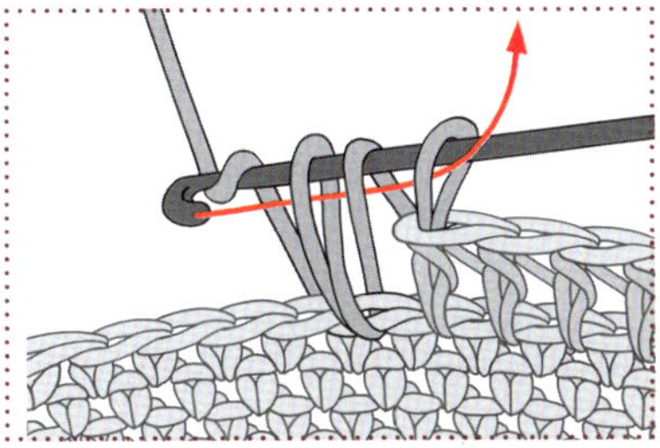

STÄBCHEN

1 Um ein Stäbchen zu häkeln, den Faden um die Nadel legen und in die nächste Masche der Vorreihe einstechen. Nun den Faden durch die Masche holen. Es befinden sich jetzt 3 Schlingen auf der Nadel.

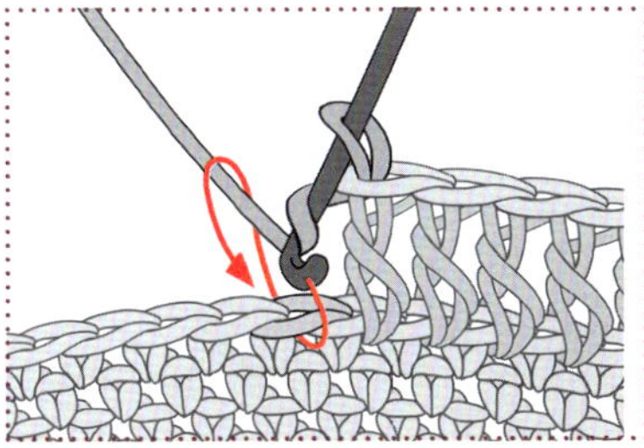

2 Den Faden holen und durch 2 der 3 Schlingen ziehen.

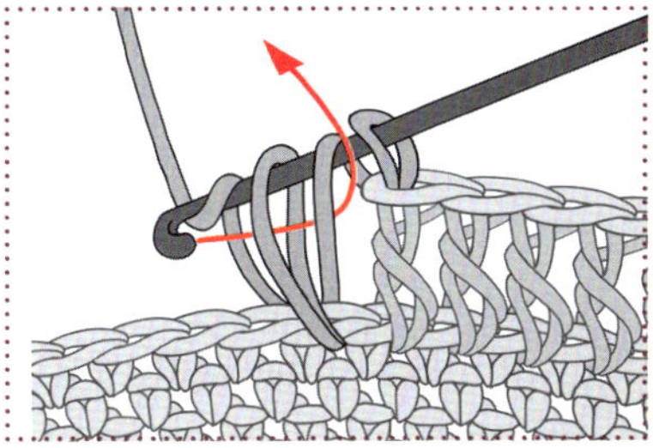

3 Es liegen jetzt 2 Schlingen auf der Nadel. Nun den Faden wieder holen und durch die beiden Schlingen ziehen.

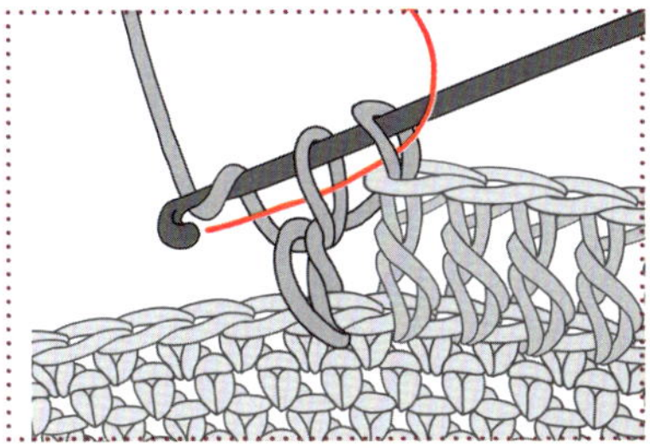

MASCHEN VERDOPPELN

Sollen einzelne Maschen zugenommen werden, wird eine bereits gehäkelte Masche „verdoppelt", d. h., in die Einstichstelle der zuletzt gehäkelten Masche wird eine 2. Masche gehäkelt.
Die Maschenzahl vergrößert sich um 1 Masche.
Diese Zunahme kann in Runden und in Reihen erfolgen.
Alle Arten von Maschen können so zugenommen werden.

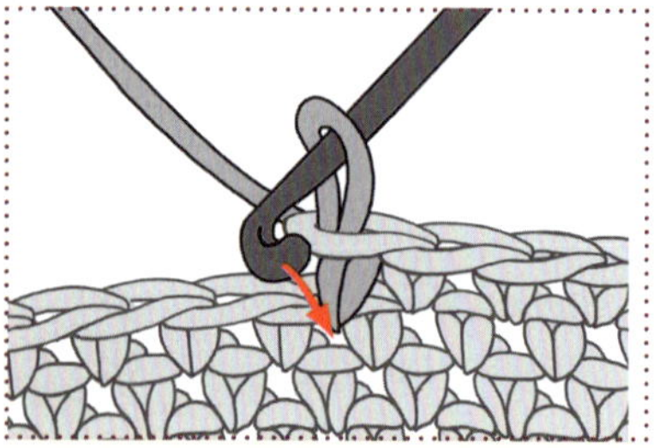

2 FESTE MASCHEN ZUSAMMEN ABMASCHEN

1 Sollen 2 feste Maschen zusammen abgemascht werden, für jede feste Masche je 1 Schlinge auf die Nadel holen.

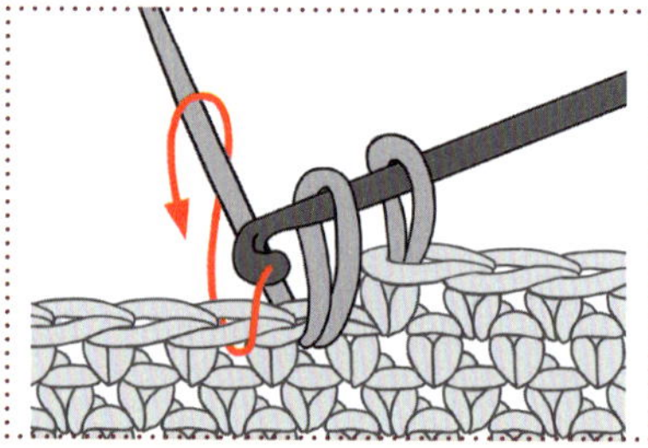

2 Anschließend den Faden holen und durch alle auf der Nadel befindlichen Schlingen ziehen. Die Maschenzahl verringert sich um 1 Masche.

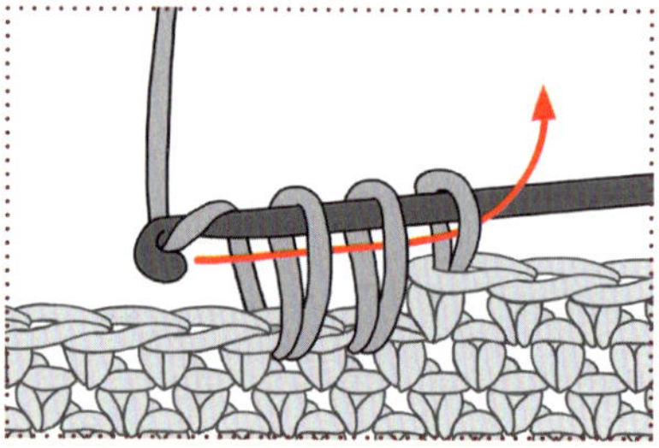

GESCHLOSSENE RUNDEN

1 Feste Maschen in den Fadenring häkeln.

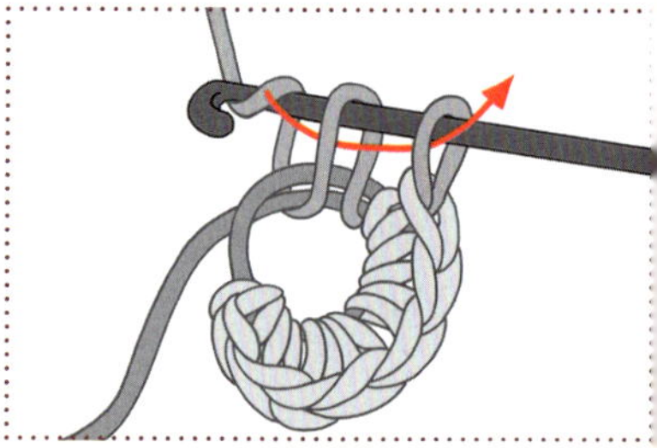

2 In die 1. Masche der nächsten Runde einstechen und die Runde mit 1 Kettmasche schließen.

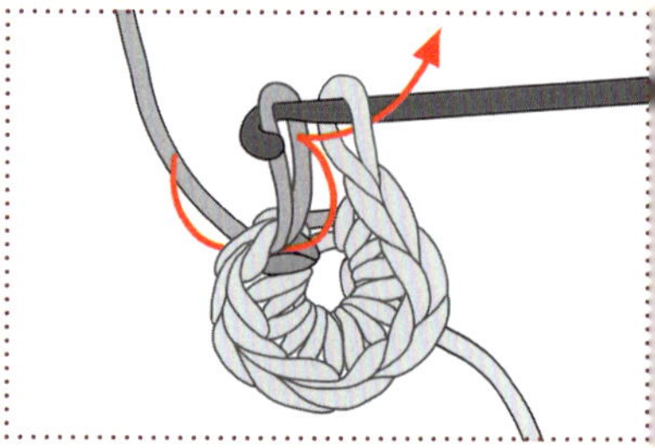

3 1 Steigeluftmasche häkeln. Durch diese wird die richtige Höhe für die nächste Runde erreicht

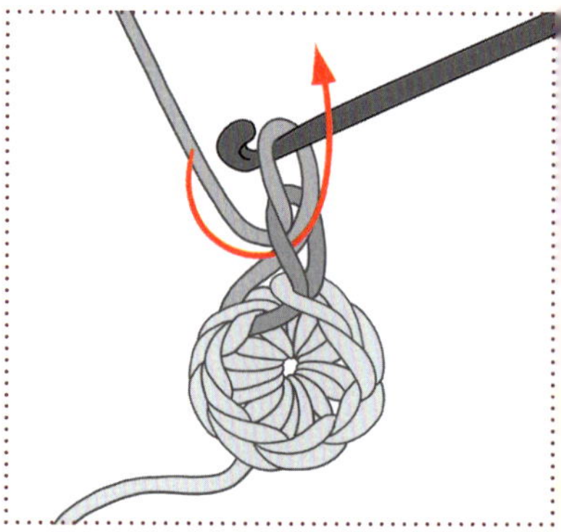

SPIRALRUNDEN

1 Feste Maschen in den Fadenring häkeln.

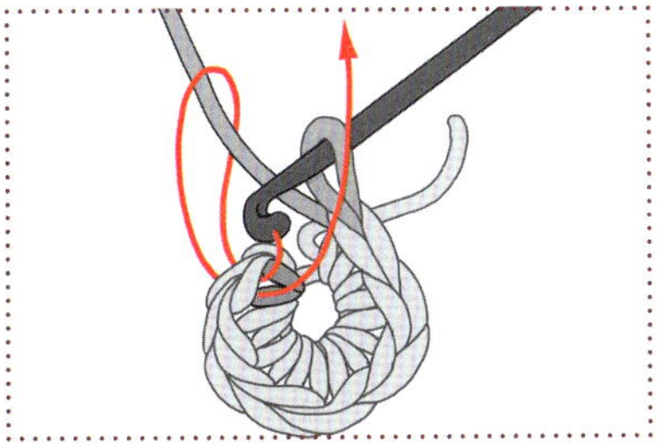

2 Zwischen die letzte Masche der 1. Runde und die 1. Masche der nächsten Runde einen Kontrastfaden legen, um den Rundenanfang zu markieren.

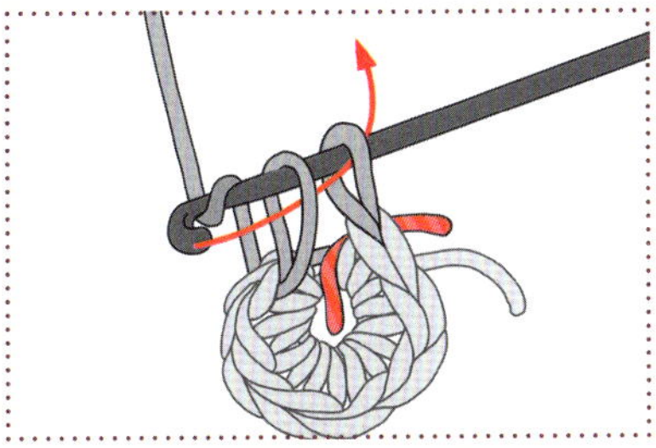

HINWEIS: Es empfiehlt sich, in regelmäßigen Abständen weitere Kontrastfäden einzulegen. Das erleichtert das Abzählen der Runden.

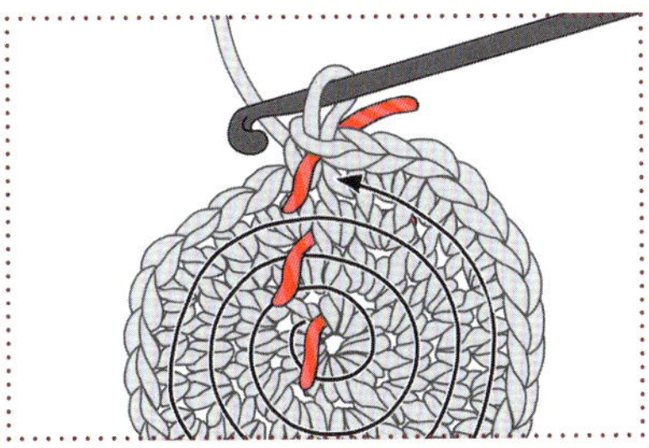

TEILE BEENDEN UND ZUSAMMENNÄHEN

Zum Beenden den Faden abschneiden – dabei das Ende immer etwas länger lassen –, durch die Schlinge ziehen und vernähen bzw. zum Annähen des Teiles verwenden.

ABKÜRZUNGEN

anschl = anschlagen
arb = arbeiten
Fb = Farbe(n)
fM = feste Masche(n)
Häkelnd = Häkelnadel(n)
hStb = halbe(s) Stäbchen
Km = Kettmasche(n)
LL = Lauflänge
Lm = Luftmasche(n)
M = Masche(n)
Nd = Nadel(n)
R = Reihe(n)
Rd = Runde(n)
Stb = Stäbchen
wdh = wiederholen

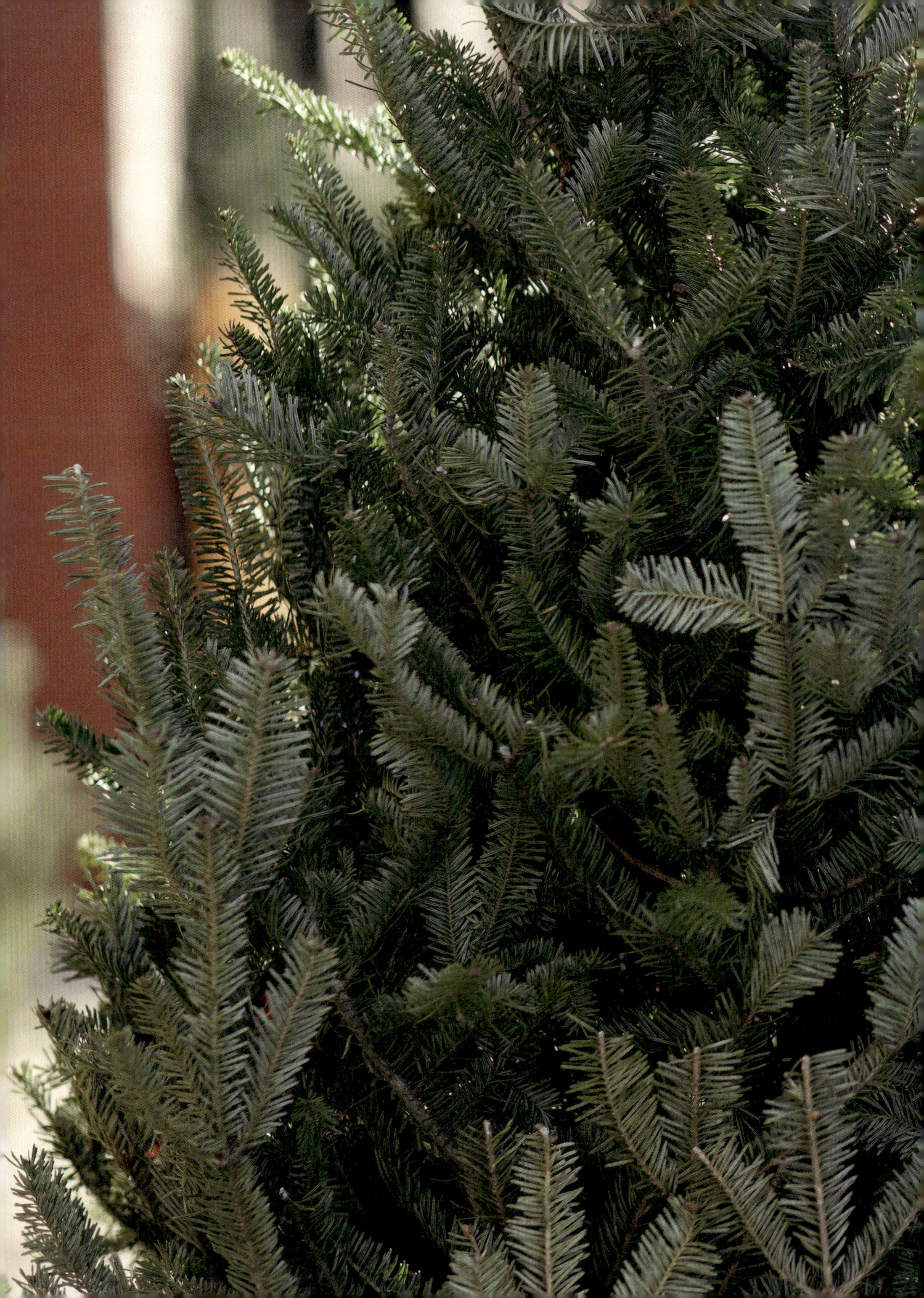

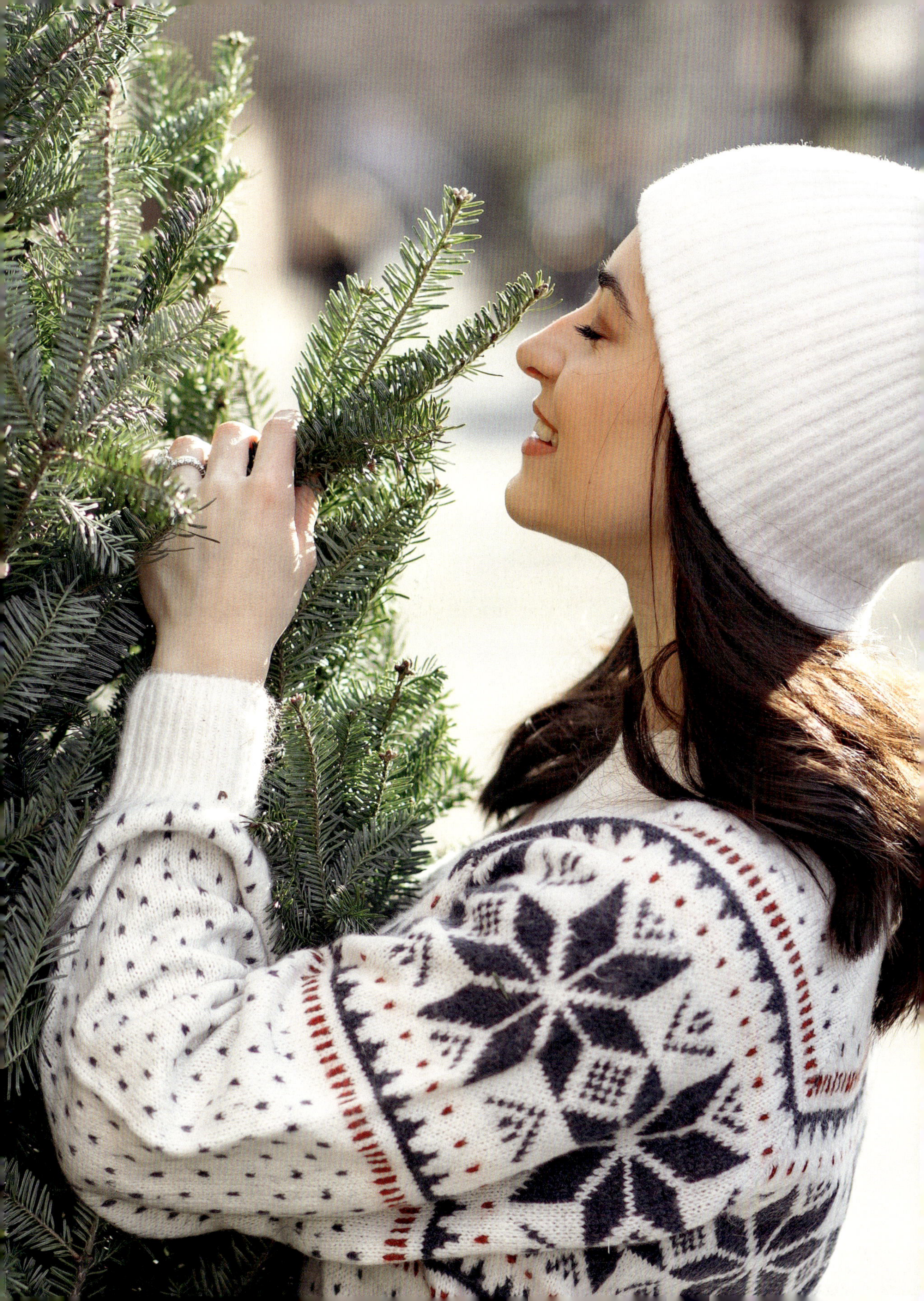

20 FACTS ZUM WEIHNACHTSBAUM UND -SCHMUCK

Der erste dokumentierte **WEIHNACHTSBAUM** in Deutschland wurde 1605 im Elsass aufgestellt.

Deutschland ist einer der größten Produzenten von **WEIHNACHTSBÄUMEN** in Europa.

In einigen Regionen Deutschlands gibt es spezielle Baumschulen, die sich ausschließlich auf den Anbau von **WEIHNACHTSBÄUMEN** spezialisiert haben.

Der bekannteste deutsche **WEIHNACHTSBAUM** steht auf dem Nürnberger Christkindlesmarkt und ist über 20 Meter hoch.

Der größte **WEIHNACHTSBAUM** in Berlin steht am Brandenburger Tor und war in den vergangenen Jahren ein Geschenk aus Norwegen.

Die meisten deutschen **WEIHNACHTSBÄUME** sind Nordmanntannen oder Blaufichten.

In vielen deutschen Haushalten steht der **WEIHNACHTSBAUM** bis zum Dreikönigstag.

In Deutschland werden jedes Jahr Millionen von **WEIHNACHTSBÄUMEN** recycelt und zu Mulch oder anderen Produkten verarbeitet.

Der angeblich größte **WEIHNACHTSBAUM** der Welt steht auf dem Dortmunder Weihnachtsmarkt. Er erreicht eine beeindruckende Höhe von rund 45 Metern und ist ein beliebtes Wahrzeichen während der Weihnachtszeit.

Der Brauch des **WEIHNACHTSBAUMLOBENS** ist eine gesellige Tradition. Er bietet eine schöne Gelegenheit, Nachbarn, Freunde oder Bekannte während der Weihnachtszeit zu besuchen und den geschmückten Baum lautstark zu bewundern. Diese Höflichkeit wird häufig mit einem kleinen Schnaps oder Ähnlichem belohnt.

Die Stadt Lauscha in Deutschland gilt als Geburtsort der gläsernen **WEIHNACHTSBAUMSCHMUCK-PRODUKTION**.

Die deutsche Tradition des **CHRISTBAUMSCHMUCKS** aus Glas wurde im 19. Jahrhundert von armen Glasmachern ins Leben gerufen, die aus Geldmangel kleine gläserne Figuren anstatt teurer Geschenke an den Baum hängten.

Die Firma Inge-Glas aus Neustadt bei Coburg ist eine der ältesten **WEIHNACHTSBAUMSCHMUCK-MANUFAKTUREN** Deutschlands und stellt handgeblasene Glaskugeln her.

In den USA gibt es den Brauch, **WEIHNACHTSBAUM-SCHMUCK** in From einer Gurke in den Baum zu hängen. Wer die Gurke als erstes findet, soll im nächsten Jahr besonders viel Glück haben oder bekommt ein weiteres Geschenk.

In der Ukraine ist es Tradition, Spinnennetze als **WEIHNACHTSBAUMSCHMUCK** zu verwenden. Die Menschen dort glauben, dass dies Glück und Wohlstand für das kommende Jahr bringt.

In Schweden werden oft kleine Strohziegen als **WEIHNACHTSSCHMUCK** verwendet, da sie dort ein traditionelles Symbol für Weihnachten sind.

In Norwegen werden oft kleine Figuren von Trollen als **WEIHNACHTSBAUMSCHMUCK** verwendet, da sie in der norwegischen Folklore eine wichtige Rolle spielen.

In England wurde der **WEIHNACHTSBAUM** angeblich im 19. Jahrhundert von Prinz Albert, dem Ehemann von Königin Victoria, eingeführt. Er brachte die Tradition aus seiner deutschen Heimat mit.

WEIHNACHTSBÄUME wurden früher nicht in einem Ständer aufgestellt, sondern hingen platzsparend von der Decke.

Als der größte **WEIHNACHTSBAUM** der Welt gilt auch heute noch ein Baum aus dem Jahr 1950. Er war ca. 50 Meter hoch und stand vor einem Einkaufszentrum in Seattle.

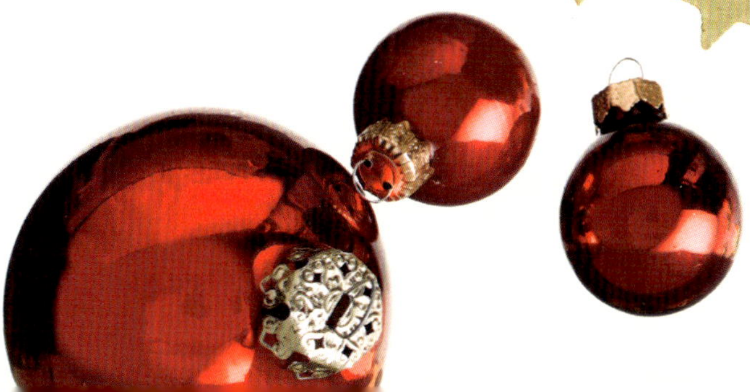

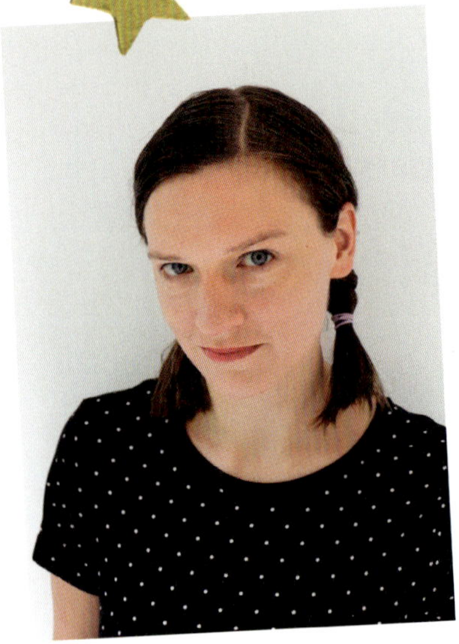

WILLKOMMEN! WIE SCHÖN, DICH IN MEINEM BUCH BEGRÜSSEN ZU DÜRFEN!

Mein Name lautet

Doerthe Eisterlehner.
Ich bin die Autorin dieses Buches und online findet ihr mich auf meinem Instagram-Kanal: @frau_apfelkern

Die Weihnachtszeit ist mir besonders wichtig, weil ...

... diese Zeit einen ganz besonderen Zauber in sich hat.

Ich feiere das Fest am liebsten mit ...

... meiner Familie.

Meine liebste Weihnachtstradition ist ...

... Plätzchen backen und dabei Weihnachtsmusik hören.

Für mich fängt die Adventszeit Mitte November an. In der Adventszeit zu schmücken, ist ein großer Spaß. Daher mache ich das am liebsten ...

- ☒ *ganz in Ruhe und allein.*
- ☐ *mit meiner ganzen Familie zusammen.*
- ☐ *gar nicht. Ich lasse meinen Kindern erst den Vortritt. Den letzten Schliff übernehme dann ich wieder.*

Die Adventszeit beginnt für mich erst richtig, wenn ich ...

... ein paar Sorten Plätzchen gebacken habe.

Meinen Weihnachtsbaum schmücke ich jedes Jahr ...

- ☒ *ganz anders.*
- ☒ *mit selbstgebasteltem Baumschmuck meiner Kinder.*
- ☐ *mit dicken roten Kugeln und Strohsternen.*
- ☒ *mit selbstgehäkelten Kleinigkeiten.*
- ☐ *Am liebsten so:*

Meine liebste Weihnachtsfarbe ist:

- [ ] *Rot*
- [ ] *Grün*
- [ ] *Weiß*
- [ ] *Dunkelblau*
- [ ] *Hellblau*
- [ ] *Lila*
- [ ] *Rosa*
- [ ] *Gelb*
- [ ] *Orange*
- [ ] *Schwarz*
- [x] *Regenbogenbunt*

Den Weihnachtsbaum kann man nur mit der richtigen Musik schmücken. Mein Lieblingslied ist ...

... zur Zeit „Carol of the Bells". Außerdem höre ich sehr gern klassische amerikanische Weihnachtsmusik.

Und natürlich dürfen auch ein paar Plätzchen nicht fehlen. Am besten schmecken mir ...

... vegane Vanillekipferl.

Meine Kinder sehen den geschmückten Baum ...

... erst zur Bescherung.

Meine liebste Weihnachtsfigur ist ...

... unser Weihnachtswichtel.

Wenn der Weihnachtsbaum geschmückt ist, ...

- [ ] *mache ich eine wohlverdiente Pause auf dem Sofa.*
- [x] *werden die letzten Geschenke eingepackt.*
- [ ] *mache ich zur Probe schon einmal die Lichter an und freue mich über die stimmungsvolle Wirkung.*
- [ ] *rufe ich meine Familie, damit wir uns gemeinsam freuen können.*

Ich liebe es, den Baum zu schmücken. Wie lange er dann tatsächlich stehen bleibt, ist Geschmackssache. In unserer Familie ...

... meistens bis zum 6. Januar. Manchmal darf er aber auch ein paar Tage länger stehen bleiben.

Ich wünsche Ihnen und Ihren Lieben ein frohes und besinnliches Weihnachtsfest. Haben Sie viel Spaß beim Entdecken der hier im Buch enthaltenen Figuren und natürlich beim Schmücken Ihres eigenen Weihnachtsbaumes.

Doerthe Eisterlehner

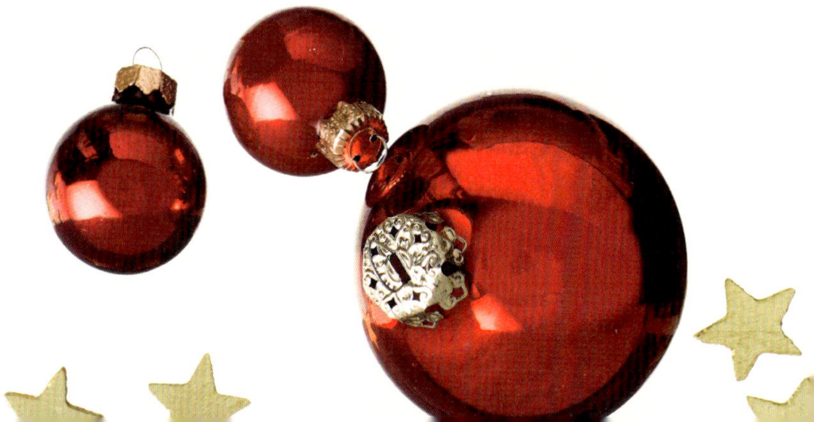

BUCHEMPFEHLUNGEN FÜR DICH

NOCH MEHR KREATIVE BÜCHER ZUM GLEICHEN THEMA GESUCHT?

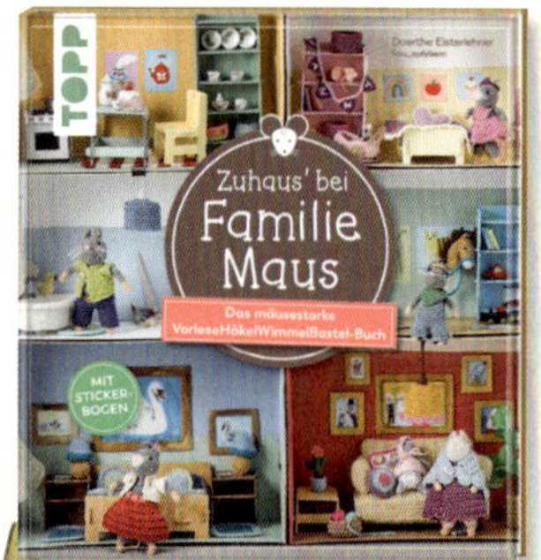

ISBN 978-3-7724-4822-5

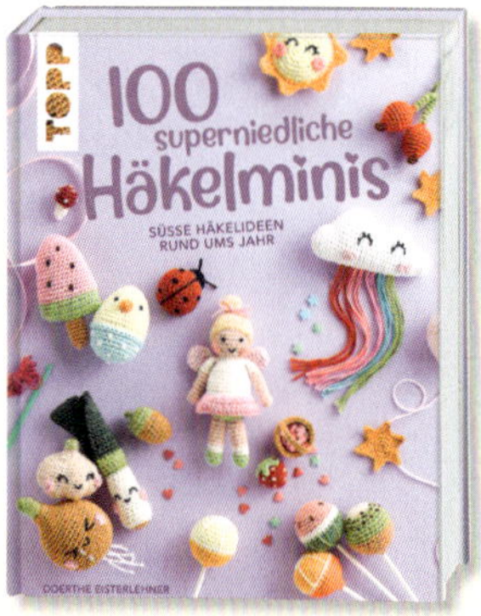

ISBN 978-3-7724-6885-8

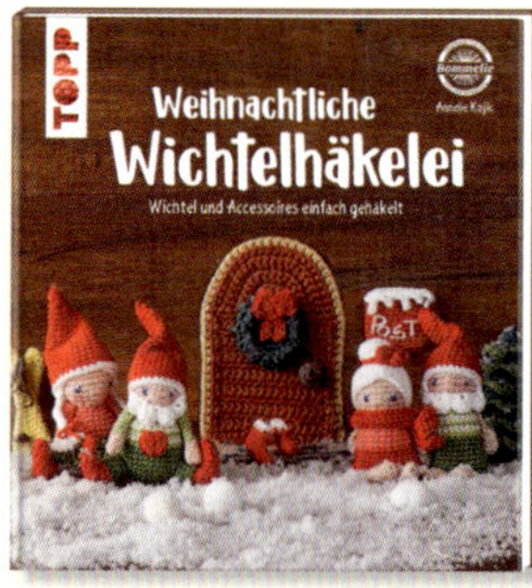

ISBN 978-3-7358-7067-4

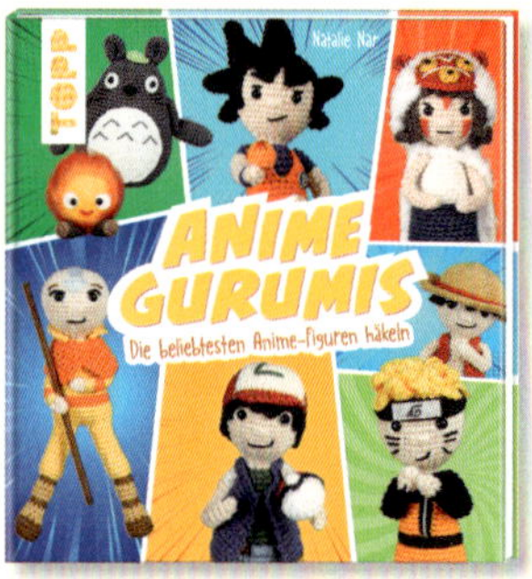

ISBN 978-3-7358-7054-4

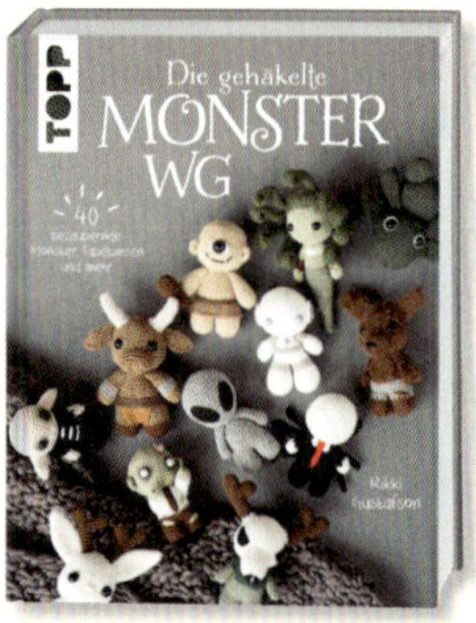

ISBN 978-3-7358-7071-1

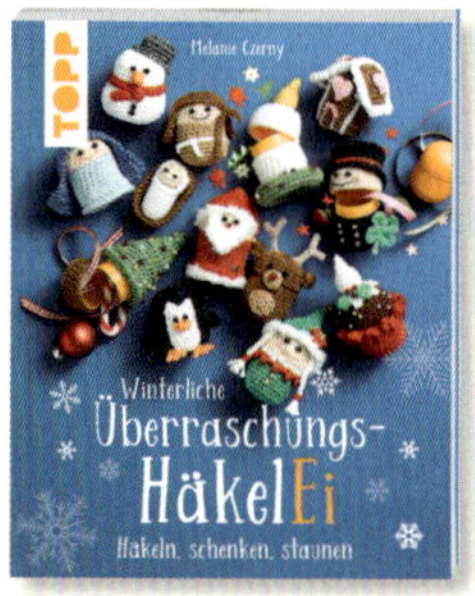

ISBN 978-3-7358-7055-1

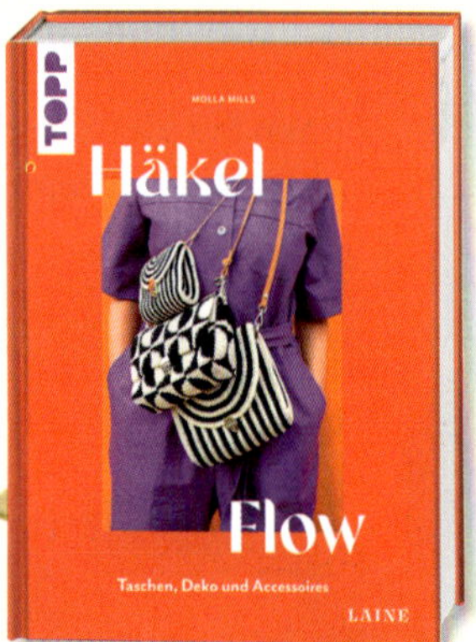

ISBN 978-3-7358-7031-5

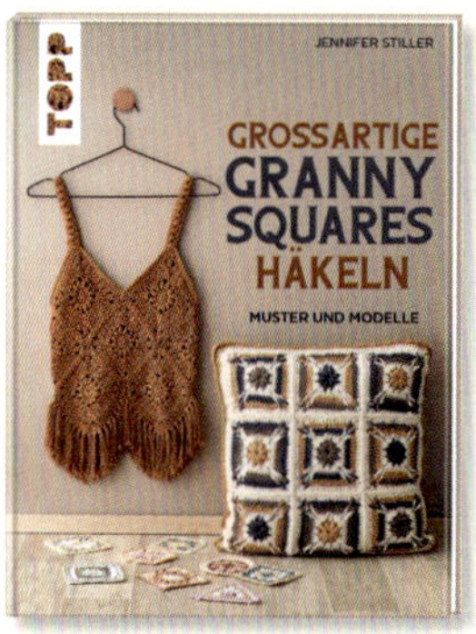

ISBN 978-3-7358-7043-8

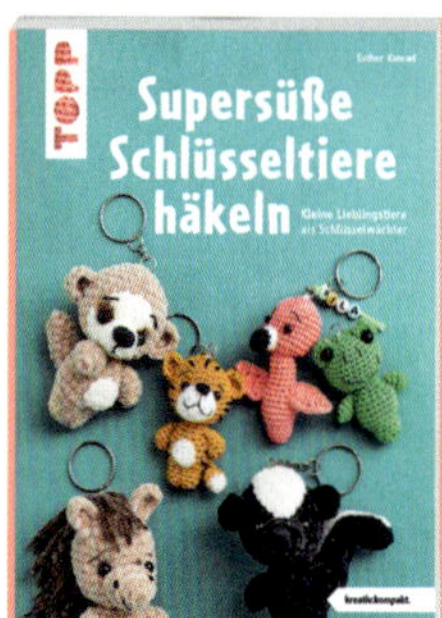

ISBN 978-3-7358-7050-6

ENTDECKE ...

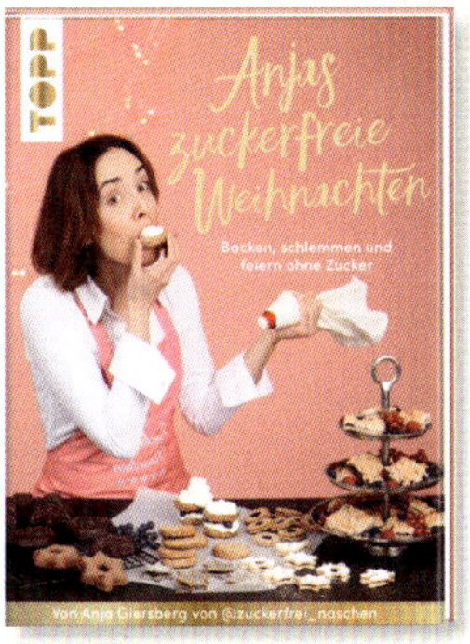

ISBN 978-3-7358-5198-7

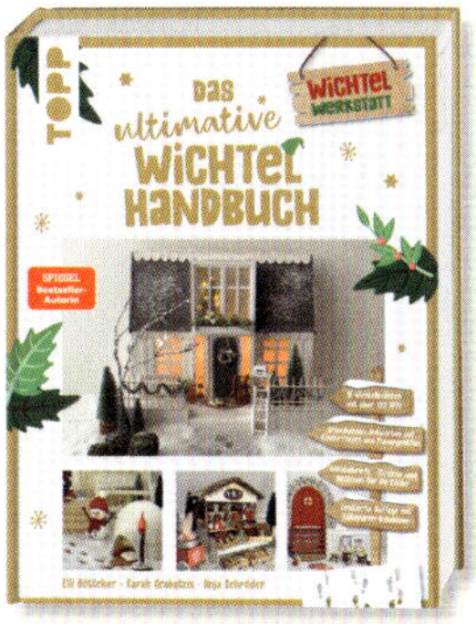

ISBN 978-3-7358-5183-3

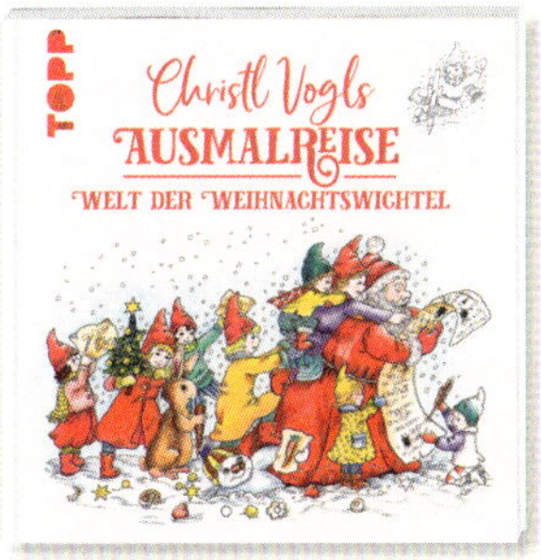

ISBN 978-3-7358-8065-9

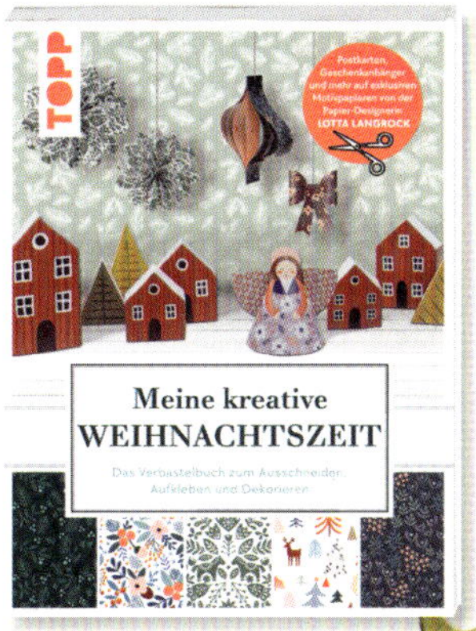

ISBN 978-3-7358-5178-9

NOCH MEHR KREATIV-BÜCHER FINDEST DU AUF WWW.TOPP-KREATIV.DE

#TOPPprojekt

Die eigene Kreativität zeigen: TOPPprojekt mit anderen Kreativen teilen und Teil der Gemeinschaft werden.

DIY-begeistert und auf Instagram? Dann unbedingt mitmachen! Hier gibt's Tipps und Feedback zu den eigenen Projekten. Außerdem verlosen wir jeden Monat ein Überraschungspaket. Um am Gewinnspiel teilzunehmen, einfach ein Bild vom Kreativ-Projekt aus unseren Büchern mit #TOPPprojekt posten und unserem Account @frechverlag folgen. Mehr Infos auf TOPP-kreativ.de/TOPPprojekt

Mach mit beim

#TOPPprojekt

#TOPPprojekt
@frechverlag

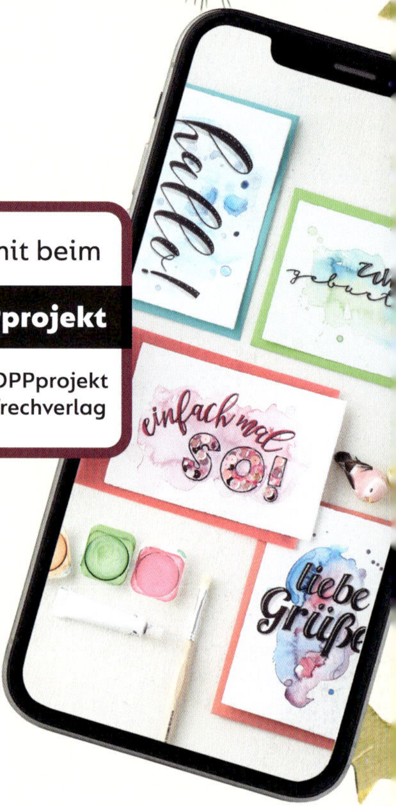

WEBSEITE

Auf TOPP-kreativ.de gibt es ein riesiges Angebot von über 1.000 Kreativbüchern, Sets und mehr zu entdecken.

NEWSLETTER

Immer als Erstes von unseren Neuheiten und Sonderaktionen erfahren: TOPP-kreativ.de/newsletter

INSTAGRAM

@frechverlag

PINTEREST

pinterest.com/frechverlag

FACEBOOK

facebook.com/frechverlag

DIGIBIB

Hier gibt es zusätzlich zu einigen unserer Bücher digitale Extras, wie Video-Tutorials, Plotter-Dateien, Vorlagen, Übungsblätter und vieles mehr. Einfach im Impressum eines TOPP-Buchs nachschauen, ob dort ein Code vorhanden ist, und exklusive Inhalte freischalten. TOPP-kreativ.de/digibib

YOUTUBE

youtube.com/frechverlag

WER WIR SIND, WIE WIR ARBEITEN, WAS WIR LIEBEN ...

Mehr über uns und unsere Arbeit und immer mit den neuesten Informationen versorgt schnell und einfach auf Instagram, Facebook und Pinterest.

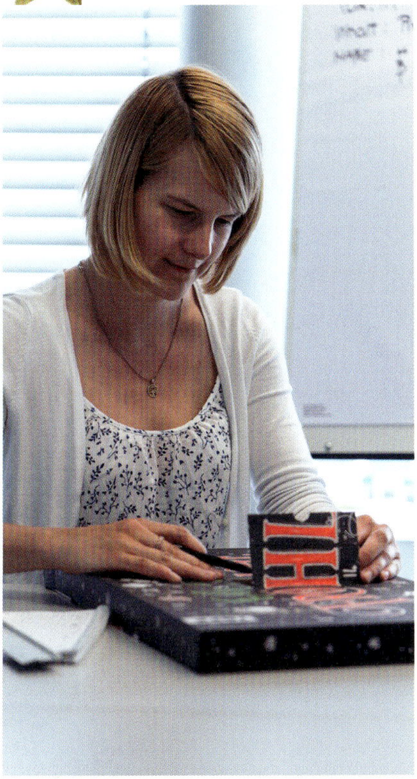

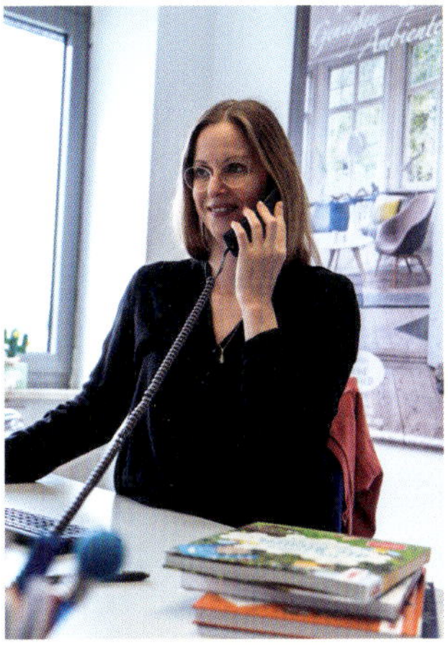

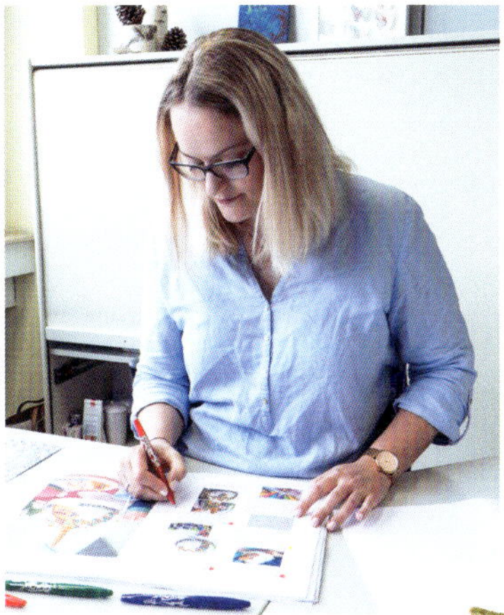

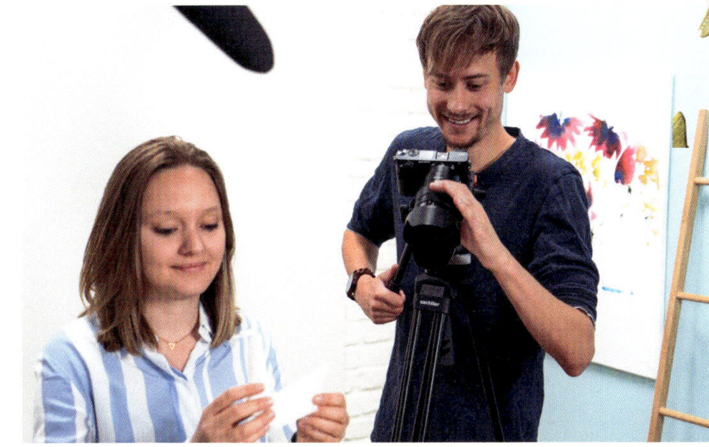

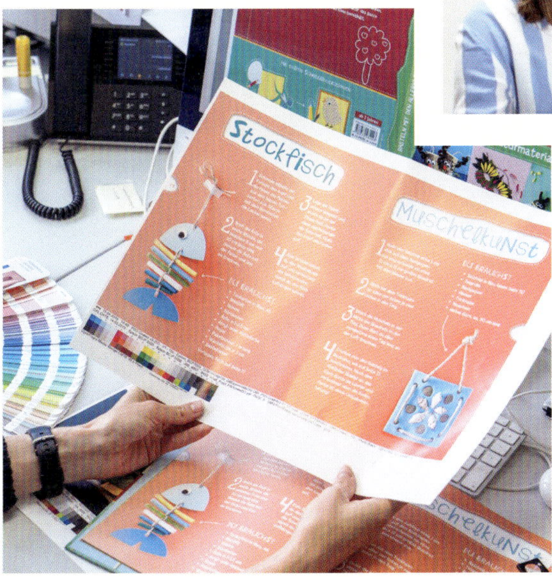

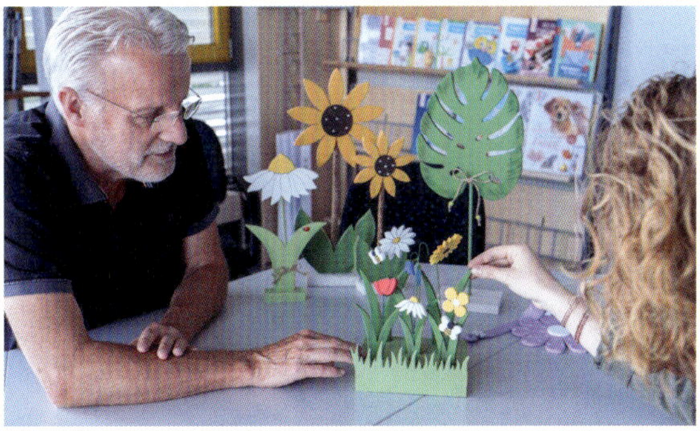

Alle News, alle Infos und alle Links findest du auf www.TOPP-kreativ.de

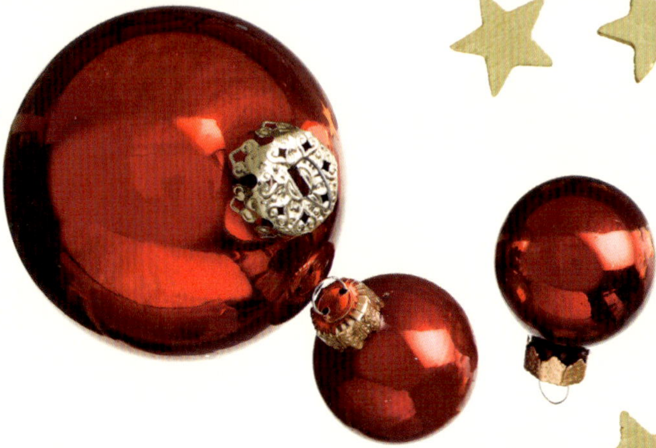

ÜBER DIE AUTORIN

Doerthe Eisterlehner ist in Tübingen geboren und in der grünen Nähe von Hamburg aufgewachsen. Sie hat in Hamburg an der HAW Kinderbuchillustration studiert. Nach dem Studium ist sie nach Berlin gezogen, um dort als freischaffende Künstlerin zu arbeiten. Schon als Kind hat sie mit dem Häkeln begonnen, das auch immer ein Teil ihrer künstlerischen Arbeit war. Seit der Geburt ihrer Kinder sind ein großer Wollkorb und ein paar Häkelnadeln ihr ständiger Begleiter. Ihr allerliebster Platz zum Häkeln ist das rote Gartensofa, das unter einem wunderschönen Apfelbaum steht. Unter dem Namen frau_apfelkern zeigt sie bei Instagram Ausschnitte aus ihrem kunterbunten Häkelleben. Sie lebt mit ihrer Familie in Lübeck.

KREATIV-SERVICE

Hilfestellung zu allen Fragen, die Materialien und Kreativbücher betreffen:
Frau Erika Noll berät Sie. Rufen Sie an oder schreiben Sie eine E-Mail:
Telefon: 07 11 / 12 37 57 20* *normale Telefongebühren
E-Mail: mail@kreativ-service.info

Wir danken der Firma MEZ GmbH für die Unterstützung bei diesem Buch.
www.mezcraft.com, www.schachenmayr.com

Der Code zum Freischalten der Geschenkanhänger lautet: **55330**

FOTOS: frechverlag GmbH, 70839 Gerlingen; lichtpunkt, Michael Ruder, Stuttgart
PRODUKTMANAGEMENT: Mareike Upheber
LEKTORAT: Petra Puster, Niederpöcking
COVER: Eva Hook
GESTALTUNG: Petra Theilfarth
DRUCK UND BINDUNG: Drukarnia Interak Sp. z o.o.

2. Auflage 2023

ISBN 978-3-7358-7048-3 • Best.-Nr. 27048

MIX
Papier aus verantwortungsvollen Quellen
FSC® C015559
FSC www.fsc.org

Penguin Random House Verlagsgruppe FSC® N001967